人間関係リセット症候群

精神科医
ゆうきゆう

内外出版社

はじめに

人間関係を急に断ってしまう「人間関係リセット症候群」。正式な病名ではありませんが、昨今、よく話題になる現象です。

人が人生を送る上で、人間関係は切ろうと思っても切り離すことはできません。人は誰かしらと繋がり、関わり合いながら生きています。

相手は他人ですから、関わり合う上で意見の相違や軋轢、好き嫌いなどが生じます。ストレスを感じることも少なくありません。実際、悩みの上位に上がるのが「人間関係」です。

現在は、リアルの人間関係に加え、インターネット上の人間関係もあります。SNSの種類が増え、24時間常に繋がっているバーチャルの中の付き合いがあり、出会いをネット上に求めることは、スタンダードになりつつあります。

人間関係は複雑化しているといえるでしょう。

本書では、そんな複雑化した人間関係を「リセット」してしまう人の心理に注目して、ポジティブに生きるための考え方を解説しています。

・SNSやリアルの人間関係に疲れてしまい、リセットしたい
・人間関係をリセットして後悔している
・リセット癖がついてしまい、孤独でつらい
・突然リセットされて傷ついている

このような人たちは、「どうして私はダメなんだろう」「やっぱり私は嫌われているのだ」と思い詰めて、大きなストレスを常に抱えています。

一方で、同じことが起きても、そこまで大きなストレスと感じることなく過ごせている人もいます。

この違いはどこにあるのでしょう。リセットの行動に隠された「感情」と心理を知

ることで、必要以上に自分を責めることなく、衝動的になることもなく、今ある状況を自信を持って乗り越えることができます。

そして、リセットしてしまう感情の「本質」を知ることで、前向きに生きることができます。きっと、周りの人たちの対応も変わるはずです。

「人間関係リセット症候群」に関する悩みを解決して、自分の人生を前向きに、自分らしく生きるためのヒントが詰まっています。

新しい人生へと進む、勇気と力になれば幸いです。

精神科医　ゆうきゆう

目次

第2章　リセットしたくなる心理　53

第3章　リセット症候群に陥りやすい人の特徴　73

第4章　リセットに苦しまない！　誰でもできる自己肯定感の上げ方　99

RESET

序章

24時間繋がる時代 現代人は人間関係に 疲れている！

RESET

現代病？　人間関係リセット症候群

ＳＮＳでの人間関係やポストを見るのが苦痛で、アカウントを削除してしまう。周りの人とうまく話せなくて、不安に耐えきれなくてＬＩＮＥを退会。

ネットやリアルの人間関係にストレスを感じ、ある日突然、全ての人間関係をなかったことにしてしまう**「人間関係リセット症候群」**。

最近よく聞く言葉です。

全国の10〜60代以上の男女２０００人を対象にしたとあるアンケートで、「人間関係をリセットしたいと思ったことがありますか？」の質問に約半数の48・５％の人が「ある」と回答しました。「ない」と答えた人に向けた「リセットしてしまう人の気持ちはわかりますか？」の問いには、51・2％の人が「する人の気持ちはわかる」と答えています。さらに、「人間関係のリセットは必要だと思いますか」の質問に、67・8％の人が「思う」と理解を示しています。

人間関係を断ちたいと考えることは、程度の差こそあれ珍しいことではないと考えているようです。

人間関係リセット症候群では、ＬＩＮＥやＳＮＳで特定の相手をブロックやミュートするのではなく、自分のアカウントを丸ごと削除したり、電話番号を変えたりなど、ある日突然、**衝動的に全ての人間関係を断ってしまいます。**

現代社会は、スマホを介して常に誰かと繋がっている状態です。楽しくて便利な反面、いつも誰かに見られている感覚でストレスが蓄積しやすい環境だともいえます。

このストレスが毎日の生活の中で膨れ上がることで、何かのきっかけで耐えられなくなり、衝動的にリセットする行動に繋がるのかもしれません。

RESET

悩みごと、不動の1位は人間関係

25歳から55歳以下の女性を対象としたとある調査によると、**「人間関係の悩みがある」と回答したのは全体の76・2%**でした。一方、人間関係の悩みが「全くない」、または「ほとんどない」と答えたのは24%。悩んでいない人の3倍以上の人が、人間関係に何らかの悩みを持っています。

また、18歳から65歳の被雇用者を対象とした、仕事や職業生活に関してのストレスについて調査した結果では、1位の回答は「職場の人間関係」でした。

「人間関係がうまくいかないと感じる瞬間についての調査」では、**「相手の症状や態度が気になってしまう」「会話がスムーズに進まない」「職場での距離感がわからない」「人の輪に入れない」**などが目立ちます。中には、自分の問題だけではなく、子供や配偶者、親など家族がきっかけとなる場合もあるようです。

精神科医で心理学者のアルフレッド・アドラーは、**「全ての悩みは対人関係の課題である」**と言っています。たったひとりで人里から離れた場所に住んだり、孤独を愛するという人でも、他人の目を気にしているのです。

太古から、人間は集団で生きる動物です。身体能力が弱い人間は、ひとりで野山に放り出されてしまえば、すぐに肉食獣の餌食になってしまうからです。

人間の言葉や態度、表情などのコミュニケーション術は、集団の中でうまく立ち回るために生まれた人間の知恵です。この世に人が生まれたときから、人は誰かと関わるようにできているのです。

現代においても、それは変わっていません。人間関係あっての命だといえるでしょう。アドラーのいうとおり「全ての悩みは対人関係の課題である」ならば、**生きるために人は人間関係に悩み続けているのかもしれません。**

人間関係の悩みは、人が人である限り普遍の悩みだといえるでしょう。

RESET

SNSの普及により、24時間繋がる時代

インターネットもSNSもスマートフォンも、今やなくては社会生活が送れないほど世の中に浸透しています。

スマホは連絡手段はもちろん、決済機能や身分証明の役割もあります。音声で正しく目的地まで案内してくれる地図機能はとても便利です。

最近では、公共機関でもLINEやオンラインツールを使って、各種申請や予約、相談ができます。学校関係もグループLINEが連絡網代わりとなり、仕事のちょっとした連絡はメールではなくチャットで手早く送れます。

今や、ネットとスマホは社会のインフラなのです。

日常生活の中にスマホやSNSがあることで、**常に誰かと繋がっている状態で生活**

しなければなりません。ＬＩＮＥを見落としていないか、ＳＮＳで友達や知り合いの投稿をチェックして、返信や「いいね」で反応を返します。もはや義務です。
自分の投稿への反応も気になります。コメントが入ったらどう返すのが正解なのか考えねばなりません。知り合いからのコメントなら、その意味の裏を読んで、相手が欲しい返信を考えることもあります。

でも、そんなふうに気を使っている相手が、実は何十年も会っていない知人だったり、会ったこともないＳＮＳ上だけで繋がっているフォロワーだったり、まるで赤の他人だったり。

そんなバーチャルでカオスな人間関係に24時間繋がれて、一喜一憂しなければならない生活。

ＳＮＳとスマホの普及が、人間関係の悩みを増幅させているのかもしれません。

RESET

リアルタイムで監視されているストレス

スクールカウンセラーの現場では、高校に進学した途端に、SNSやLINEが原因のトラブルが増加するそうです。

LINEは「既読」が付くので、相手がメッセージを読んだのか、まだ気付いていないのかがわかります。これがくせ者で、高校生の多くは**「既読」を付けてしまったら速効で返信しなければならない**と考えています。すぐにアクションを起こさないと、「スルー」したと見なされてしまうからです。

これは、自分がメッセージを送った側でも気になるところです。グループLINEでメッセージを送っても、**既読が付いても誰からも反応がない、もしくは既読すら付かないと、夜も眠れずに考え込んでしまいます。**いつ何時、誰かからメッセージがあるかもしれないと思うと、授業中も就寝時間も気を張っていなくてはなりません。

また、SNSでは繋がっている友達の行動がリアルタイムでわかってしまうので、例えば「渋谷で遊んだ」という報告ひとつで、**「誰と一緒だろう」「私が誘ったときは断ったのに」「私は試験勉強してるのに、遊べる余裕があるんだ」**など、勝手に想像したり、されたりします。

こうした小さなモヤモヤが積もり積もって、最悪なパターンではいじめに発展することもあるそうです。

高校生だけではありません。社会人だってLINEグループのトラブルはあります。よくあるのが、ママ友のLINEトラブル。ボス格のママ友を中心にして、つかず離れず、ちょうどいい距離感を保ちながら過ごしていたのに、いきなり原因不明の「スルー」が始まるという恐怖。

配偶者の出世や持ち物、着るもの、インスタのポストなど、ありとあらゆる行動がトラブルの原因となり得ます。

子育てだけでも親にとっては大変なことが多いのに、加えてLINEにまで気を配っていなくてはならないのは、大きなストレスです。

SNS上からも、静かな圧が24時間漂っています。タイムラインに流れてくる「仕事がうまくいった」「旅行に行っておいしいもの食べた」「結婚した」「恋人ができた」「彼氏からブランド品を買ってもらった」等々、自分が生活する上で何の関係もないポストに、小まめに「いいね」を押していかなければなりません。

また、「いいね」やフォロワーの数に一喜一憂して、他人のキラキラな投稿に「なんて自分はつまらない人間なんだろう」と落ち込んでしまうこともあります。心ないコメントに「いいね」がついているのを見て、誰だろうと思ったら同僚の裏垢だった……。

「もう、こんなの嫌！　スマホもSNSも、みんなやめてやる！」

こうして、**SNSやLINEのアカウントを削除して、一切の人間関係をリセットしてしまう。**これが、「人間関係リセット症候群」の入り口です。

旅行中〜　♡いいね

結婚したよ〜　♡いいね

こんなの買ってもらったよ〜
♡いいね

なんて自分は
つまらない人間なんだ…

ある日突然爆発

もうこんなの嫌！
スマホもSNSもやめてやる！

RESET

人間関係の距離感　昭和と令和の違い

スマホやSNSなんてなかった時代の方が良いのでは？

ほんの15年ほど前までは、スマホやインスタ、LINEがなくてもコミュニケーションがとれていたのですから、そう考えてしまうのも無理はありません。

昭和はもちろん、平成8年頃までのコミュニケーションは、アナログによる方法でした。連絡は固定電話か手紙です。告白をするにも大事な連絡をするにも、固定電話で話すか、会って話すか、手書きの手紙を送るかしか方法がありません。

だからといって、**SNS特有の煩わしい人間関係に惑わされずラクだったかといえば、そうではありません。**

気軽に外の情報にアクセスできないため、自分の周りの世界が狭くなりがちです。

その地域の価値観に沿って生きなければ、暮らしづらくなってしまいます。学校や職場を今ほど変える自由はなかったため、人間関係に亀裂が入らないように、細心の注意を払わなければなりませんでした。

スマホとＳＮＳ時代の現代は、電波が届く限りどこにいても世界中の人と繋がれます。自分が住む地域に同じ趣味の人がいなくても、ＳＮＳ上にはたくさんの仲間が集っています。大事な連絡も日常会話も、スマホで全て完結します。

しかし、**いつでもどこでも繋がっているということは、その分気を使わなくてはなりません。**プライベートでくつろいでいるときですら、誰かと常に繋がっているのです。

さらに、誰かとバーチャルで常に繋がっている状態が当たり前になってしまい、繋がっていないと不安になるという人もいます。

昭和・平成初期と令和の現代。時代に応じて人間関係の悩みは変化しています。

現在を生きやすくするためには、スマホやＳＮＳにおける、ストレスがたまらない人間関係の構築方法を知ることが大切です。

RESET

不用品は捨てる、人間関係はリセットする？

人間関係のリセットは、周りからすると「衝動的」に見えますが、本人にしてみれば、ストレスが積もり積もった結果からの行動です。リセットで「スッキリ！」となれば話はそこで終了なのですが、**「人間関係リセット症候群」の多くは罪悪感や後悔がつきまといます。**

「どうしてアカウントを削除してしまったんだろう」

「またひとりぼっちになってしまった」

「本当は、誰かに心配して欲しかった」

モヤモヤ感情やストレスが嫌になってリセットしたのに、リセットしてからもなお、モヤモヤ感情を引きずってしまうのです。

リセットしても多くの人は再びＳＮＳのアカウントを開設し、または新しいグループに仲間入りして、人間関係の構築を試みます。ところが、同じことが起こるとまた、「もうやめる！」とリセットしてしまいます。

これを何度も繰り返していくと、**「何かあればリセットすればいいか」という心理状態となり、人間関係が長続きしません。**まるで、たまった不用品を捨てるかのように、人間関係を捨ててしまう。そんな自分が嫌で悩み、中には鬱状態になってしまう人もいます。

リセットしてスッキリするはずが、リセットしてしまう自分の存在がストレスとなってしまうのです。

現在ネット上では、様々な「人間関係リセット症候群」の悩みや対処法を見ることができます。しかし、なかなか根深そうなこの悩み、一過性の対処法での解決は難しいかもしれません。

なぜなら、**「人間関係リセット症候群」の根本は、「感情」のコントロールにある**からです。

RESET

第1章

人間関係リセット症候群とは

RESET

「人間関係リセット症候群」は病気？

医学的に、「人間関係リセット症候群」という病名はありません。「症候群」とついていますが、病気ではないということです。

一般的に、人間関係リセット症候群とは、**関わりのある人との関係を急に断つ現象**を指します。

それは、ネット上の人間関係だけに留まらず、リアルの人間関係でもリセットを繰り返すこともあります。例えば転職を繰り返す、離婚を繰り返すなどの行動です。

これらの行動を繰り返してしまい、「生活を送ることに大きく支障がある」「周囲の人間に多大な迷惑をかけている」などの問題があり、本人がリセット行動にとても悩んでいるのなら、「症状」として心療内科で診察ということになります。

医師が診て、リセットを繰り返す根本的な原因、例えば鬱の症状や依存症などが疑われるのであれば、初めてそこで治療が始まります。

したがって、現在「自分は人間関係リセット症候群かもしれない」「ネットの人間関係が煩わしくてリセットしたけど後悔している」と考えているだけであれば、病気とまではいえないでしょう。

しかし、**「リセットを繰り返してしまう自分がつらい」「急に何もかも嫌になってしまう頻度が高い」「リセット癖で引きこもりがち」**と思い詰めているのであれば、リセット行動に根本的な原因があると考えられます。

リセットする行動そのものが病気なのではなく、リセットという行動に移すその心理に注目し、何がリセットさせているのかを知る必要があるのです。

もし「リセットをやめたい」「リセットする自分が嫌い」と悩んでいるのなら、**自分が今どんな状態なのかを把握**することから始めましょう。

本書で解説していきますが、リセットには、いいリセットもあれば、思い留まった方がよいリセットもあります。

しかし、これは結果論です。後で何か不都合が出たときに、そこで過去のリセットを「よくなかった」ことにしてしまうのです。

乱暴な言い方をしてしまえば、「悪いリセット」はありません。**全てのリセットには意味があります**。よくも悪くも、決めるのは自分自身なのです。

POINT

人間関係リセット症候群は病気じゃない。今の自分を把握することから始めよう。

RESET

衝動的に全てをシャットアウト

人間関係は長い時間をかけて構築するものです。しかし、リセット症候群の人は、その長い時間が待てず、ストレスに耐えられずに関係を断ちたいと思い詰めます。

また、長い時間をかけた人との関係をいきなり断つ場合もあります。家族関係や親類関係、ご近所付き合い、同窓会などの人間関係です。連絡先を伝えずに急に転居するといった行動が見られます。

人間関係リセット症候群のリセットとは、**全ての関係の削除**です。「○○さんの連絡先だけは残しておこう」ではなく、全ての連絡先が対象です。

例えば、SNSの人間関係のリセットの場合、アカウントごと削除します。特定の相手をブロック、あるいはひとつのSNSだけ退会するのではなく、ネット上からアカウントの存在を消します。

また、リアルの人間関係のリセットも同様に、連絡先を伝えることなく突然人間関係を断ってしまいます。突然退職、衝動的にパートナーと別れる、いきなり転居するなどです。電話番号を変えたり、ＳＮＳアカウントの削除を伴うこともあります。

人間関係を断たれた方は身に覚えがないことがほとんどで、困惑することも少なくありません。仕事の場合は引き継ぎが行われないなど、支障を来す場合もあります。

衝動的な行動のため、リセットを後悔することも多く、また衝動的なリセットを繰り返すことも少なくありません。

POINT

SNSのアカウントや電話番号など、衝動的に自分の情報を削除して、相手との関係を断つ。リセットを繰り返す人も多い。

RESET

「リセット」は人間の進化に必要な本能

リセット行動自体は、インターネット時代特有のものではありません。現在と形は違えども、「リセットしたい」という欲求を人間は持っていました。

古来より、人間は集団で集落を作り生きてきました。しかし、集団の入れ替えがないまま集落に留まっていれば、進化の上で問題が生じます。

そんな集落から出て新天地を築こう、新しい遺伝子を求めようとした人間がいたからこそ、地球上の至る所に人間が存在しています。

リセットは、**人間が進化する上で必要な行動**なのです。

人間は基本的に群れを作ることで、他の生物から身を守る生き物なので、単独行動や群れから外れてひとりになることは、死の危険度が高まります。したがって、人間関係のリセットは大きな勇気が必要でした。

現代の社会でも、小さな地域の集落や、学校、職場などの集団から外れることは、社会に暮らす上でもリスクが伴います。外に出て新しい環境に出るメリットとリスクのバランスを考慮しなければならず、そのことがリセットを思い留める要因でもあります。

しかし、それでも**リセットして新しい場所で心機一転したいという欲求は、「成長したい」という「進化」に繋がる本能**です。

例えば、狭い地域の中で、もっと知識を広げたい、違う土地に住む人と話して見聞を広めたいと考え、都市部や海外の大学を目指す場合、親や親類に反対されれば目的を果たすために関係を断つことが考えられます。

結婚を反対されている愛し合っているふたりが、全てを捨てて駆け落ちするのも、昔から珍しくないリセット行動です。

自分がやりたいと思っている仕事に従事するための転職は、自身の成長と充実した人生を求めています。実績と経験を積み重ねるための転職も同じです。

自分を守る本能が働くリセットもあります。

学校での人間関係がうまくいかず、いじめなどの問題があるのなら、すぐに周囲に相談して、転校などの対応が必要です。ブラック企業に働いていて、心身共に支障を来しているのなら、そこから逃げる選択をしてください。

パートナーのＤＶも同じです。相手からの暴力は自分が悪いせいだと思う必要はありません。

これらは自分の身を守るための本能からのリセットです。我慢しなければならないと思い詰める必要はありません。まずはその場から離れる手段をとってから、冷静になって考えることもできます。

POINT

リセットは心機一転したいという、成長を目指した人間の本能。自分を守ることが目的なら、逃げることも大切な選択。

RESET

過去を削除して新しい私になりたい

フォロワー数も同じくらいで、年齢や学歴も同じレベルだと感じていた人が、自分よりも高いステータスだったと感じたとき、あるいはSNSで自分の存在が認知されていないと感じたときなど、衝動的にリセットの行動をとる人がいます。

多くの場合、リセットした後でまた違うアカウントを開設し、再びそのSNSで活動を始めています。

これは、**よくない自分を消して新しくアカウントを作成することで、1からスタートしようとする行動**です。

また、自分のことを知らない場所に行ってやり直そうとして、全ての人間関係を断ち、転居や転勤を繰り返す人もいます。こちらもリアルな人間関係のリセットに多い行動です。

新しい自分になるために過去を清算して、心機一転がんばろうというのであれば、むしろいいリセットです。

しかし、**衝動的なリセットには、自分自身にも理由がある**はずです。その理由を知ることで、もっとポジティブに変わることができます。

そうでなければ、また同じことを繰り返して、リセット癖がついてしまうかもしれません。

POINT

新しい自分になりたいなら、理想の自分になるために何をするべきか考えよう。リセットではなく、根本的な理由を探すのもひとつの方法。

RESET

いいリセットとよくないリセット

新しい人生へのステップにリセットがあり、よくない関係を断ったことでストレスなくステップアップできるのなら、いいリセットだったといえます。

しかし、罪悪感や自己嫌悪で立ち直れないのなら、何のためのリセットだったのかわかりません。かえってストレスを増やしてしまったかのようです。

人は、転換期に何かと決別する傾向にあります。

例えば、「大学生になったら、自分がやりたいと思ったことにどんどん挑戦するぞ」と決意して、高校生までの消極的な自分をリセットしようとします。その際に、高校生までの友達とも疎遠になるかもしれません。しかし、それは**成長する過程で必要な人間関係の変化**であると考えられます。

良いリセット

大学生になったら
やりたいことをどんどんやる！

また、結婚や転勤など強制的に環境が変わる場合でも、心機一転、新しい自分になろうと決意する傾向があります。「これまではひとりで過ごすことが多かったけれど、今度は新しい人間関係を作っていこう」「これまで何となく仕事をして生活してきたけど、向こうに行ったら新しい習い事を始めよう」など、**過去の自分と人間関係のリセットを伴うポジティブな決意**です。

これらは、過去や人間関係のリセットが目的なのではなく、成長への決意に伴うものです。**リセットは、成長する過程における「変化」であり、結果的にリセットされていったた**ととらえることができます。

人は現状の環境が変わるとき、多かれ少なかれストレスを感じるといいます。しかし、たとえ決意や変化でストレスを感じたとしても、成長しようとするポジティブなものであれば、ストレスはがんばるためのエネルギーに変わります。

わかりやすい例では、ゲームのレベルアップがあります。

例えば「戦士」という職業を選び、その職業レベルを4まで上げたとします。しかし途中で戦士に行き詰まりを感じてしまった場合、職業をリセットして別の職業にチェンジすることもできます。

ここで「魔法使い」になったとしましょう。その際、魔法使いとしての職業レベルは1から始まってしまうわけですが、今度は魔法使いとして新しい魔法やスキルをゲットしていくことで、どんどん強くなっていきます。結果、戦士としてプレイしたときより、魔法使いでプレイした方が、最終的に強くなっていく、ということがあります。

これはゲームの話ですが、人生も、そうあるべきだと思います。

しかし、リセットが自己否定に繋がるのなら、本末転倒です。本当はスッキリして心機一転したかったのに、そうならない。どうしてなのだかわからない。

自分の思い通りにならなくてモヤモヤしてしまい、**「自分はダメな人間なんだ」とネガティブな感情が蓄積するばかりなら、それはよくないリセット**です。

POINT

リセットするなら、レベルアップを目指した前向きリセットを。

RESET

何度もリセットしてしまうリセット癖

人間関係リセット症候群の大きな特徴として、**「リセット癖」**があげられます。

SNSの人間関係をリセットするつもりでアカウントを削除しても、しばらく時間をおいてアカウントを再び開設する人は少なくありません。しかし、そのアカウントを運営していく過程で人間関係によるストレスを感じると、その時点で衝動的に、再びリセット行動に出てしまうのです。

これは、SNSだけではなくリアルでも同様です。職場の人間関係がうまくいかない、努力が続かないという理由で転職を繰り返します。パートナーとの関係に不満や不安が膨らみ続けて、ある日突然爆発して関係を断つという行動を、パートナーが変わってもなぜか繰り返してしまいます。

こうして何度もリセットを繰り返していくと、**「うまくいかなかったらリセットすればいいや」と、リセットを繰り返すようになってしまう**のです。

リセットが癖になると、解決方法が「人間関係のリセット」だけになってしまい、**人間関係構築の努力を避ける**ようになります。

詳しくは後述しますが（82ページ）、リセット症候群に陥りやすい人の特徴のひとつとして、「周りに相談する人がいない」があります。リセット癖がつくことで、ますます自分の周りの人を避け、気がつけばひとりぼっちになってしまうのです。

そして寂しさに耐えられず、人間関係を求めてアカウントを作り直し、何かのきっかけでリセットするという、悪循環に陥ります。

知らないうちにネット依存症になるリスクも高く、注意が必要です。

POINT

リセット癖は依存症のリスクも。
リセットしたい感情の理由を探ろう。

RESET

バーチャルな人間関係がリセットを加速化

インターネットが普及したことで、簡単に人間関係の繋がりを作り、または離れることが容易になりました。

少し昔のことですが、ネット上で繋がった人たちと、パーティーをしたことがあります。リアルで繋がることで、新しい関係性ができるかもしれないと期待してやってみたのです。しかし、どういうわけか長続きしませんでした。

声をかけると、100人ほどは集まります。パーティーでもそれなりに楽しい時間が過ごせます。しかし、パーティーが終われば、またネット上の関係性に戻るのです。

ネット上の人間関係は、リアルで会う、またはビジネスで協働するなどの関係には、進展しにくいことがわかりました。ダイレクトメッセージで何度もやりとりしていたとしても、ネット上の関係はリアルと比較してライトです。なので、別れ方もライトになるのかもしれません。

インターネットが普及していなかった時代のリセットには、大きなエネルギーが伴います。本当に人間関係を断ちたかったら、遠い土地に引っ越しする、離婚して籍を抜く、電話番号を変える、住民票を移すなど、手間もお金もかかります。よほどの覚悟がなければリセットできません。

しかし、ＳＮＳなら「退会する」「アカウントを削除する」でおしまいです。**クリックひとつでリセット**できてしまいます。

こうした手軽さがリセットへの行動を後押しし、またリセット行動が可視化されてきたことで「人間関係リセット症候群」が話題になっているのかもしれません。

POINT

ネットの関係は広く浅く。割り切ることも大切。

RESET

消滅願望や自殺願望が入っていることも

人間関係を全てリセットする行動は、**消滅願望が入っている場合**があります。SNSでのリセットの行動は、「自分のアカウントの削除」が特徴です。相手をブロックするのではありません。ここに大きな違いがあります。

関係を断ちたいと思う特定の相手をブロックする理由は、**「自分のメンタルを正常に保つため」**です。相手からの反応や相手のポストから、ネガティブな感情になる自分を守る行為だといえます。自己防衛であり、自分の存在の肯定でもあります。

しかし、アカウントの削除の理由は**「自分の存在を消す」**です。これも自己防衛ではありますが、自分の存在を否定しているとも考えられます。

ブロックやミュートの選択の前に、アカウントを削除したい衝動に駆られてしまうのなら、注意が必要です。

ＳＮＳやＬＩＮＥなどの人間関係の中でうまく立ち回ろうとして、または期待されているキャラクターになりきろうとがんばっていたのに、**ある日を境に急にやる気がなくなり、何もかも投げやりになって自分の存在を消す**という行動は、燃え尽き症候群にも似ています。

また、こうしたリセット行動の他に、鬱状態や意欲の減退、感情の枯渇、自己嫌悪などの兆候が現れている場合もあります。

突発的な行動が増えた、社会生活が困難になった、希死念慮が生じていると感じた場合は、メンタルクリニックなどの専門機関に相談してください。

POINT

「消えてなくなりたい」と思い込んで、強く悩んでいる、または生活や健康に支障が出ているのなら、メンタルクリニックに相談を。

RESET

第2章

リセットしたくなる心理

RESET

ネットもリアルも人間関係が面倒

「既読無視や未読無視に敏感になってしまい精神不安定。こんなに苦しいならいっそ削除したほうがラク」

「ＳＮＳに友人のポストを見つけたら、必ず『いいね』を押さなくちゃという強迫観念がある。仕事中もＳＮＳが気になってしまう」

「会社で連れ立ってのランチや定期的な飲み会がダメ。仕事はいいんだけど、スタッフとの相性が合わない。でも、ランチを断ったら空気を悪くしそうで……」

＊＊＊

人間関係を面倒だと思う瞬間は誰にでもあります。しかし、**ひとりで行動することが多い、大人数で行動するのが苦手だという人は、人間関係に煩わしさや面倒くささを感じることが多い**かもしれません。

人間関係を円滑に保とうとして、方々に気を使う能力は女性の方が高い傾向にあります。人間の進化の過程で、女性は男性が狩りに行っている間、集落と自分の身を守る必要があったため、自ずとコミュニケーション能力を高めていったのです。

こうしたことから、女性は安心できる仲間やパートナーとの行動を好みます。また、言語能力が高く、感情を言葉にするのが得意です。共感力が高いのも特徴です。

ただ、これらの能力が高い故に、**相手の反応や言葉に敏感に反応**してしまうこともあります。親和欲求が強い場合、相手が離れてしまうのを回避しようとあらゆる対策を講じようとします。特に24時間繋がりっぱなしのＳＮＳでは、常に気になってしまいます。

こうした積み重ねがストレスとなり、関係のリセットに走らせるのかもしれません。

RESET

キラキラしている人を見るのがつらい

「ストーリーに上がるみんなが楽しそう……。私、友達が少ないかも。インスタグラムを見るのが嫌になってきて、衝動的にアカウントを削除したくなるときがある」

「昔の友達の結婚や出産報告のポストに素直に喜べない私って、性格悪いのかな。そんな自分が嫌で、姿を消したい」

「同窓会で久しぶりに会った友人が結婚してマンションを購入。学生時代は自分の方が上位ランクだったのに。もう同窓会行くのはやめよう」

＊＊＊

ＳＮＳには、自分を盛ってよく見せようとしたり、自分がより格上だとマウントをとる人がいます。これは、人と比較して自分の優劣を決めようとする行動です。

自分自身に対するプライドや自信を、心理学用語で**「自尊感情」**といいます。何らかの根拠を元に、自分の価値や存在に対して抱くポジティブな感情です。

この自尊感情を高める根拠は、ＳＮＳであれば「いいね」やフォロワーの数、仕事であれば働いている会社のランクや年収、職種などです。自分が働いていない場合は、パートナーのランクになる場合もあります。他にも、恋愛経験や結婚、出産、子供の成長など、根拠は様々です。

人は無意識に誰かと自分を比較しています。自尊感情が低い人は行動や考え方が消極的になりやすく、自分の自尊感情の根拠となっている基準を周りと比較して、優劣を決めようとしがちです。

相手より自分が上だと感じて優越感に浸るのであれば、いい悪いは別にしてリセットしようとは考えないでしょう。しかし、自分のランクが低いとわかると、嫉妬や劣等感などネガティブな感情に苛まれやすくなります。

その場を離れることで自尊感情を保とうとするのです。

RESET

どうせ私なんて……自分を過小評価

「社宅では、子供の進路や旦那の地位でマウントのとり合い。いつも下に見られている感じが嫌で引っ越してみたけど、やっぱりここでも同じでモヤモヤ。自分が悪いの？」

「仲良しグループがあるけれど、みんな本当に私と仲良くしたいと思っているのかな。裏で私の悪口を言っていたらどうしよう……明日遊ぶのが嫌になってきた」

「ＳＮＳの反応がなくて寂しい。どうせ私のことなんて誰も興味がないんだろうな。アカウントを削除したら、誰か気付いてくれるかな……」

＊＊＊

自分を過小評価する人は、自尊感情が低いことと同じです。「どうせうまくいかない」「私なんかいつもダメ」なんだと諦めてしまうことが多く、失敗を恐れるあまり、チャレンジする前にやめてしまいます。

また、自尊感情が低い人は、**自分を他の誰かとの比較で評価しがち**です。普段は自分と同じタイプの人と無意識に比べているのですが、集団やSNSの中では自分より「優れている」と感じる人はたくさんいます。特にSNSでは多くの人が自分をより大きく見せようと「盛って」いるので、自分より優れている人と遭遇する確率は高まります。そうした人と自分と比べてしまい、「やっぱり自分はダメなんだ」とネガティブなスパイラルに陥ってしまうのです。

また、「自分なんかといても楽しくない」と思い込んで、「ひとりのほうがラクかも」とリセットしてしまう人もいます。

これは、「自分なんかといても楽しくない」が肯定される前に、**「傷つきたくないから自分から関係を断とう」という自己防衛からくる行動**です。

自分より上の相手とばかり比較していると、差を感じてつらくなってしまいます。比較するだけでなく、自分の存在そのものを自分で認めてあげることが大切です。

RESET

みんなから変に思われてるのかも？

「ミスをしたり、怒られたりすると、恥ずかしさと自己嫌悪で会社に行けなくなってしまう。こんな自分を晒すくらいなら、もう辞めよう」

「ＳＮＳでもリアルの関係でも、私と合う人は誰もいない。嫌になって突発的にリセットしてしまう」

「相手が自分のことをどう考えているんだろうと思うと、不安に耐えきれなくなって関係を切ってしまう」

＊＊＊

人からの目が気になりすぎるのもストレスにつながります。自意識過剰で疲れてしまうという現象です。

「自意識」とは、自分自身に向ける意識のことをいいます。**自意識が強い人は、何の根拠もなく、噂や批判を自分のことだと思い込みやすい傾向**があります。

自尊感情が低く、且つ自意識が強い場合は、周りからの目や噂を気にするあまり、「仕事ができないと思われているのでは」「変な人といわれているのでは」「格下だと見下されてるのでは」と不安になってしまい、その不安から抜け出せなくなってしまうのです。

また、**物事を極端にとらえて衝動的な行動に走る**人もいます。こうした人は、「好きか嫌いか」「正しいか間違っているか」と両極端に考えがちです。

例えばSNSでちょっと「いいね」の数が少なかったり、信頼していた人から反対意見のコメントが来ると「嫌われた！」と極度な不安を抱えます。

この不安がストレスとなり、そのストレスから逃れようと、リセットしてしまうのです。

RESET

ひとりが好きだから定期的に関係清算

「人間関係でトラブったら即転職。ひとりが好きだから特に問題なし。でも、何だかんだで、転職回数は20回以上。そろそろヤバいかな……」

「LINEもSNSのコメント返しも面倒。放っておいたらどうしたのか聞かれてしまい、その理由を考えるのも面倒。特に仲がいいわけでもないし、ひとりの方が気楽。アカウントを削除してしまおうか」

「ひとりだったら誰からも嫌われないし、傷つくことがないから……」

＊＊＊

衝動的なリセットを「孤独が好き」「ひとりの方がラク」という理由なら、なぜ自分から存在を消さなければならないのかを、考えてみる必要があります。**「自分は好かれていない」というネガティブな感情を認めたくないために、「ひとりが好きだから」という態度に転換**して自分を守ろうとしているのかもしれません。

また、「ひとりが好き」と周りに伝え、近寄りがたい雰囲気を出している人もいます。心理学者ジョーンズによると、こうした雰囲気を持つ人は、自尊感情が低く、自意識が強い人に多く見られる傾向だとしています。

「自分はどうせダメだと思われている」「自分が人から好かれないタイプ」と思い込み、周りの人に対して否定的になり、それが態度として出てしまうのです。

RESET

衝動的なリセットで自己嫌悪してしまう理由

リセットするという行為は、人間関係を全て削除するのですからとても大きな決断です。実は、鬱病や鬱傾向が強い人は、仕事を辞める、結婚するなどの大きな決断をさせてはならないというのが、心療内科医のセオリーになっています。

それだけ、負荷が大きいストレスです。**リセットの繰り返しは、大きなストレスをリセットの度に積み重ねている**といえます。

また、人間関係をリセットした人は、リセットそのものの罪悪感と、リセットした人と関わり合いたくないという気持ちがせめぎ合い、自己嫌悪が加速し、さらに人を避けるようになります。そうしてどんどん孤独になっていきます。

こうしたリセットを繰り返していくうちに、**周りにはどんどん人がいなくなります。**

１からやり直そうと思って過去の人間関係をリセットしたにもかかわらず、そこにポジティブな成長がなければストレスだけが蓄積されていきます。

過去の人間関係や出来事は、他人ではなく自分が作った結果であり、何らかの意味があります。「あの失敗をなかったことにしたい」「嫌われてしまった自分を消したい」と思っても、過去を変えることはできません。

リセットしたいという感情の根本がわからなければ、起きてしまったことにいつまでもとらわれてしまいます。**根本の原因を解決しなければ、リセット癖から解放されることはない**のです。

POINT

人間関係のリセットは大きなストレスを伴う行為。リセットしても過去は変えられない。

RESET

リセットしたあとに襲ってくる「孤独」のストレス

「リセット癖」には多くの人が悩んでいます。その理由に、リセットを繰り返してひとりぼっちになってしまう「孤独」があります。

人間にとって最大のストレスは「孤独」です。このストレスは、病気やケガなどよりも大きいといわれています。

なぜかというと、**人間は他人からの反応を栄養として生きている**からです。これを心理学では「ストローク」といいます。ストロークがない状態、つまり嫌われたり無視されたりされると、栄養がないため生きていけなくなってしまうのです。

SNSで「いいね」の反応が薄いと、「ストロークがない」と思ってしまいがちです。LINEで既読スルーが続くのも「ストロークが絶たれた」と感じてしまうかもしれません。

したがって、**人は相手に嫌われたり無視されたりしないように行動**します。しかし、「悪口を言われていたらどうしよう」「本当は嫌われているのではないか」と過剰に気にし続けることも、やはりストレスに繋がりやすくなります。

リセット症候群の人は、こうしたストレスから逃れるために人間関係をリセットします。

しかし、リセットをしても問題は解決しません。**本当の原因は、自分の中にある**からです。そこが解決できないままでリセットしても、残るのは自分がリセットして手に入れた「孤独」なので、やはりストレスからは逃れられないのです。

POINT

人類最大のストレスは「孤独」。
リセットしても「孤独」のストレスからは逃れられない。

RESET

スマホ依存症とリセット症候群の関連性

スマホ依存症は、日常生活の中でどんなときでもスマホを見なくてはいられない状態をいいます。具体的には、スマホを見てばかりで勉強や仕事に集中できない、寝不足になるとわかっているのに寝る前に何時間もスマホを見てしまう、食事のときもスマホを手放せない、などの行動の常態化です。

こうした行動で生活に支障が出ている、または心身に悪影響を及ぼしている場合は、病気と診断されます。最近増えている相談でもあり、スマートフォンの普及がもたらした現代病といえるでしょう。

人間関係リセット症候群は、**スマホ依存症とも高い関連性**があります。

「SNS疲れでリセット」という人がいますが、本来、SNSに疲れただけなら、「距離を置く」「嫌だと感じる人をブロックする」「見たくないポストやアカウントをミュートする」「寝るときには電源を切る」などから始めればよいことです。

しかし、衝動的なリセット後に新しいSNSアカウントを開設する、何かのきっかけでリセットするという行動を繰り返す場合、SNSへの過度な依存が考えられます。

詳しくは後述しますが（156ページ）、**SNSは依存させやすい仕組み**になっています。自尊感情が「いいね」やフォロワーの数で刺激され、「ストレスから逃れられた」「心の空白が埋められた」と感じるからです。

「生活に支障が出るほどスマホやSNSから離れられない」「リセットを繰り返してもSNSを見ずにはいられなくて苦しい」などと感じている場合は、メンタルクリニックなどの専門家に相談してください。

POINT

SNSやスマホを手放せなくて日常生活に支障がある場合は専門家に相談を。

RESET

本当は難しいネットのコミュニケーション

人間特有のコミュニケーションの方法に「言葉」があります。

意思の疎通を図る際、通常のコミュニケーションでは、**言葉の他に表情や身振り手振り、声のトーンなど、様々な要素を総合して相手の感情や状況を判断**します。しかし、SNSやLINEなどネット上でのコミュニケーションは「文字」、つまり「言葉」が主な手段です。

心理学では「メラビアンの法則」というものがあります。人間と人間のコミュニケーションにおいては、ボディランゲージが55%、声の調子が38%、実際の言葉が7%の重要度である、という法則です。

つまり人は、**言葉を交わしながらもその言葉から判断できるのは7%だけ**であり、ほとんどの判断は身振り手振りや表情、声のトーンからなのです。この、言葉以外の情報によるコミュニケーションを、「ノンバーバル・コミュニケーション（非言語コミュニケーション）」といいます。

ネット上には文字情報しかありません。例えば、パートナーとデートの際に、相手がにっこりと笑いながら「大嫌い」と言ったのなら、恋人同士の冗談めかした会話だと思うでしょう。しかし、LINEやSNSのコメントで「大嫌い」とあれば、とてもきつく感じます。たとえ相手が「冗談」と言っても、素直に受けとれないでしょう。仲違いする可能性だってあります。

ネットのコミュニケーションは難しいといわれます。ネットでは声のトーンも表情もボディランゲージもなく、7％の「言葉」の情報で全てを把握しなければならないのですから難しくて当然です。SNSでの人間関係が疲れるのも、こういった事情があるからかもしれません。

POINT

言葉だけのコミュニケーションは難しい。SNSの人間関係が疲れるのは情報が言葉だけだから。

RESET

第3章

リセット症候群に陥りやすい人の特徴

RESET

相手の気持ちに敏感すぎるHSP（Highly Sensitive Person）

実は、リセット症候群で悩む人の多くは、ネットやリアルの人間関係のリセットに悩んでいるだけではなく、日常生活の様々な場面でもストレスを抱えています。

自分がリセットしなくても、**「いつか自分がリセットされたらどうしよう」と不安に苛まれている人も少なくありません。**

このような人は、人の顔色や話している内容、においや音などに、人よりも敏感に反応してしまいます。生きづらさを感じている人も多いようです。このような人たちを、心理学者のエイレン・N・アーロンは「敏感な人」を意味する「HSP（Highly Sensitive Person）」と提唱しました。

人類が狩猟生活を送っていた時代、人は獲物を捕らえる、または獣から自分を守るために、音や雰囲気、においから危険を察知する敏感な力は必須の能力でした。

進化して安全な生活を送れるようになった人類に、この敏感さを使う機会はなくなり、能力は徐々に薄れていきました。しかし、現在でもこうして敏感な能力を持つ人は残っています。5人に1人はHSPの気質を持っているといわれています。

人よりも察知する能力が高いため、**相手の表情や言葉から感情を読み取ったり、いわゆる「空気を読む」ので、ストレスがたまりやすく、「怒っているのかも」と感じてしまうので消極的になってしまうことがあります。**

しかし、HSPの気質は欠点ではありません。相手の気持ちを察することが得意なので気配りができ、相手の気持ちに寄り添った行動ができます。無神経に人を傷つけてしまうこともありません。人当たりがいい、優しいといった印象を受けることも多く、最近ではむしろ長所だと捉えられています。

ネットでもリアルの人間関係でも、円滑な関係を保つためには察する能力が不可欠です。その場の雰囲気や相手の様子を慮って行動することで、組織やチーム、仲間との関係を壊さずに現状を維持できます。

しかし、先にも述べたとおり、**空気の読みすぎは大きなストレス**となり得ます。また、敏感な人はちょっとした相手の表情や口調を読みとり、悪い方向に行っていると感じると、軌道修正を試み空回りして、やはりストレスを感じてしまいます。

ＳＮＳやＬＩＮＥのコミュニケーションでも同様です。しかし、ＳＮＳは文字だけの情報なので、ＨＳＰ気質の人が得意な雰囲気や表情、声の音などの判断材料が不足しています。したがって、書いていること、現状のタイムラインの状況から推理しなくてはなりません。

「『いいね』の数が極端に少なくなった」
「みんな『いいね』してくれるのに、あの人だけ反応してくれない」
「既読が付いたのに返信がない」
「グループＬＩＮＥの既読がいつまでも付かない」

といった状態が続くと、「忙しいのかな」「朝早いからな」と考えることができず、自分が避けられている、または嫌われていると感じてしまいます。**人は、ネガティブな考えに寄る**傾向があります。本当は違うかもしれないのに自信をなくしてしまうのです。

こうしたことが何度も続くと、ストレスはどんどん蓄積されていきます。誰かに相談しようにも「気にしすぎ」「神経質」と言われてしまうため、できません。また、相談する前から「また同じことを言われてしまうかも」と察するので、ひとりで思い詰めてしまいます。

このストレスに耐えきれなくなり、

「もう嫌！　リセットしてラクになりたい」

と、衝動的にＳＮＳのアカウントを削除するという行動に走るのです。

決定的に「嫌われた」とわかる前に、**自分から去ることで痛みを最小限にしようとする自己防衛から来る行動**ともいえますが、リセットするだけでは問題は解決しません。なぜ嫌われたと気になりすぎてしまうのか、その根本的な理由を考えましょう。

POINT

繊細、敏感は才能。なぜネガティブに捉えてしまうのかを考えよう。

RESET

物事や対人関係を、『0か100か』で考えてしまう

完璧主義な人は、物事を0か100かで思考してしまいます。**常に完璧を目指しているので、何事も100点でなくては気が済みません。**完璧を目指すあまりに、心身に影響が出るほど、自分を追い込むこともあります。

こうした完璧主義の人が、人間関係やSNSで「嫌われたかもしれない」「好きではない人とSNS上で繋がっている曖昧な状態」「反応があまり得られないアカウント」という、本人にとってあまりよくない状態になると、我慢ができずに「リセットしてしまえ！」となってしまいます。100点でなければ許されないと思い込んでいるので、60点や80点だとしても、完璧でないのなら0点なのです。

人には「マキシマイザー」と「サティスファイザー」の2つのタイプがあります。

マキシマイザーは、**常に最大でないと意味がない**と考えます。何事にも常にマキシマム（最大）を目指してしまいます。

一方**サティスファイザー**は「サティスファイ」つまり「満足」を求めるので、「完璧ではないけれども満足」「評価としては60点だけど、自分にしては前よりもうまくできたので満足」と、**多くのことで満足を得やすい気質**を持っています。したがって、ストレスを感じにくいのです。

例えば小説や漫画でデビューを狙う人は、「まずは何でもいいから1作完成させること」を目指すのが成功の第一歩といわれます。それが30点や50点だとしても、「完成させる」ことがプロになるための条件だからです。

サティスファイザーの人は、60点の出来でも完成させて、「自分としては完成できたしよくやった」とコンクールなどに応募したり、ネットで発表したりします。しかし、マキシマイザーの人は「１００点でなければ発表しても意味がない」「80点の作品など恥ずかしくて出せない」と考えてしまい、いつまでも応募できません。

その結果、マキシマイザーの80点の作品はいつまでも世の中に出ることなく、サティスファイザーの60点の作品が世の中に出たことで、先にプロデビューします。

サティスファイザーの**「60点でもいいや、発表してしまえ」くらいの方が、結局は成功する**といわれているのはこのためです。

サティスファイザーは「満足度」を基準にしているので、「自分の思い」が中心にあります。これは自分自身を認める考え方なので、ストレスがたまりにくく、自尊感情も上がります。

人間関係でも、ちょっと合わない人がいたとしても、**「そういう人なのかもしれないな」**と深追いしません。合わないと思ったら、日常的な挨拶だけして、たまたま会話が続いたら「今日は私の話で少し笑ってくれてよかった」と満足できます。

SNSでも完璧なアカウント像を目指しているわけではなく、自分が楽しめたら満足なので、たまたま「いいね」がたくさん付くと「20も『いいね』が付いちゃった」と喜べます。どちらかといえば嫌いなフォロワーと繋がっていたとしても、危害を加えてこない限りは放置しておけます。LINEで既読が付かなくてもさほど気にならず、「具合とか悪くなければいいいな」と、相手のことを心配することもできます。

マキシマイザーの人は、人間関係においても１００点を目指します。**周りからの評価が自分の理想像とかけ離れていると感じたら、その状態を許せません。**たとえ90点の評価でも、マキシマイザーの人にとってみれば０点と同じなのです。

ＳＮＳでも同じです。インフルエンサーや芸能人のアカウントのように、人気者でなければ満足しません。自分と違う意見のコメントが入ると、そこで自分の評価が下がったように感じてしまいます。

「リセット」は、全てを０にするという意味で、**「０にするか１００を目指すか」**を象徴した言葉です。そこには、１００になれないのなら、０にしてしまった方がマシという思考が見えます。

完璧を目指すあまり、人間関係をリセットしようと思ってしまうのです。

POINT

人生を楽しく過ごすのなら、「自分満足度」を目指すサティスファイザーに。マキシマイザーは常に完璧でなければ気が済まず、ストレスがたまりやすい。

RESET

本音を言える相手がいない

信用できる人が周りにいないと、「自分の気持ちは誰もわかってくれないだろう」と孤独を感じやすくなります。たとえ人間関係やSNS上でのトラブルがあっても、そのことを相談する相手がいないため、ストレスをため込みがちです。不安、不満がどんどんたまっていき、そのストレスに耐えられなくなり、逃れるためにリセットの行動に走ってしまうのです。

また、本音を出して話すことに不安を覚える場合もあります。「過去に信用している人に相談したら、他人に相談内容が伝わっていた」など、裏切られたというトラウマを持っていると、ますます人を信用しなくなり自分の中に抱え込んでしまうのです。

人間関係をリセットしようとする人の中には、**相手を信頼できないことで、本音で**

話したり相談できずに、自分から身を引いてしまうことがあります。

「どうせ話しても解決しない」

「私は悪くないのに、きっと自分が変わるように説教されるだけ」

「どうせ私の気持ちなんてわかってくれない」

など、相手と自分を過小評価して、悩みや本音を自分の中に押し込めてしまうのです。


人と話すこと自体が苦手、または恐怖を覚える人もいます。このような人に共通しているのが、**真面目な完璧主義者**です。自分への評価が厳しく、責任感が強いため、**弱みを打ち明けたり、話をして「そんなことで悩んでいるの？」と思われてしまうことが許せない**のです。

したがって、たとえ本音を話したとしても、「あんなこと話してしまったけど、大丈夫だったかな」「もしかしたら、今頃私のことを笑っているんじゃないかな」などと強く後悔します。話をした相手との人間関係をリセットしてしまおうとさえすることもあります。

人と話をすること自体がストレスになり、普段の生活にも支障が出ている場合は、「社会不安障害」が疑われます。

人や社会と接することに強い不安を感じる病気で、若い男性に多く見られる「不安障害」のひとつです。発症は、幼少期に人前で笑われた、失敗したなどのトラウマに起因したり、大人になってからでも人間関係などでの強いストレスや疲労がきっかけになることもあります。

悪化すると引きこもり状態や、ＳＮＳやオンラインゲームなどにのめり込んでしまう場合もあります。

また、人間関係がネット上にしかない場合は、本音を話す相手を作ることができず、ひとりで抱え込みがちです。

ＳＮＳだけが本音を話せる場所の場合、ＳＮＳでの人間関係をそこで暴露するわけにはいきません。

もし、メッセージをやりとりする間柄の人がいたとしても、先に述べたようにネットの関係性は概して広く浅いものです。親身になって話をしたところで、どこまで深く相談できるかわかりませんし、どこでどう人間関係が繋がっているのかも不明です。

人間関係のグループが１つしかない場合は、そこでトラブルが発生した場合、やはり自分で解決しなければなりません。「嫌われた」「無視された」といった問題が出た場合、そのグループから離れようとするでしょう。意図しなくても、人間関係のリセットになってしまいます。

詳しくは後述しますが（151ページ）、**人は自分の居場所を複数持った方が、話ができるところが増えることでストレスを抱え込まずにすみます。**もし、ママ友ＬＩＮＥグループで既読無視が発生したとしても、趣味のサークルで「どうしたらよい？」と相談できます。最悪ママ友ＬＩＮＥグループを退会したとしても、趣味のサークルの人間関係の中で過ごせるので孤独にならずにすむはずです。

POINT

本音を話せない人は完璧主義者かも。
話ができる人間関係を複数持とう。

RESET

人からの目が気になる

人からの目が気になりすぎてしまう人は、**いつでも自分のことが周りにどう思われているのかを考えています。** こうした人は、リアルの生活ではもちろん、ＳＮＳでも、「変な投稿していないかな」「コメントしても大丈夫かな」と気にしてしまいます。相手の反応に一喜一憂して、たまにネガティブなことが起こると深く悩み、ストレスの量が超えたタイミングで、突然リセットしてしまうのです。

人からの評価が気になることは、誰でも多かれ少なかれあります。しかし**人の目を過剰に気にしてばかりいると、ストレスに繋がります。**自意識過剰で疲れてしまうという現象です。

「自意識」とは、自分自身に向ける意識のことをいいます。自意識が強い人は、**何の**

根拠もなく、噂や批判を自分のことだと思い込みやすい傾向があります。小耳に挟んだ噂話でも「自分のことではないか」と思ってしまいます。悪い噂もいい噂も同等に自分のことだと受け止められればバランスがとれていいのですが、人はネガティブな考え方に偏りやすいといわれます。自尊感情が低いと、「悪い噂なのではないか」と考えてしまいがちです。

例えば、ＳＮＳで知っているアカウントが「こういう人と自分は合わない」とポストした人がいたとします。

気にしない人は「どこかでトラブったか何かしたのかな」と考えます。しかし、自意識が強く何でも気にしすぎてしまう人は「もしかして私のことを言ってるんじゃないか」と読みとってしまいます。

ＬＩＮＥの返信が遅いと、気にしない人は「体調悪いのかな」「急がなくていいよ、返信不用って入れておこうか」と考えられます。しかし、気にしすぎてしまう人は「もしかしたら無視されてるんじゃないか」「何か怒らせたのかもしれない」と考えます。

リアルの生活でも同じです。

話をしていて相手がスマホをチラチラ見ていたら、気にしない人は「連絡待ち？これから何か予定ある？　電話が来たら出てもいいからね」と言えます。気にしすぎな人は「私といてつまらないんだ」「早く帰りたいと思っているんだ」と相手を前にしてネガティブ思考に入り込んでしまいます。自信なさげに見えるので、かえって相手の方が「大丈夫？　具合悪い？」と気を使ってしまうほどです。

自尊感情が低くて、且つ自意識が強い場合は、もっと生きづらさを感じています。周りからの目を気にするあまり、「仕事ができないと思われているのでは」「変な人と言われているのでは」「格下だと見下されてるのでは」と不安になってしまい、その不安から抜け出せなくなってしまうのです。

また、**自意識が強い人でＨＳＰ気質の人は、気を使いすぎて疲れてしまいます。**例えば職場の会議で同僚と上司の意見が相違したとします。自分は同僚の意見に賛成だけれども、上司の機嫌が悪いと感じとり、そしてそれは「自分のせいかもしれない」と考えてしまいます。そこで、どちらにも気を使ってしまい、はっきりと自分の意見が出せずに疲弊してしまいます。どっちつかずの状態なので、周りから八方美人と見られ、これを敏感に感じとってまた落ち込んでしまうのです。

本来、私たちの意識は自分の外にあります。ＳＮＳやＬＩＮＥを見ているときは誰かのポストの内容、友達と話しているときは友達の様子や話の内容、会議の場合は会議の内容や発言者の意見です。したがって、**自意識が強い人は、常日頃から不安や自己否定などのストレスをためています。**

あるきっかけで我慢できなくなり、そのストレスから逃れようとして、リセットしてしまうのです。

自分が思うほど、周りの人は気にしていません。何か失敗したとしても、周りの人は３歩歩けば忘れる、くらいに思っておくのがちょうどよいのです。

POINT

自尊感情が低いと、相手の反応を悪いことと考えがち。人は自分が思うほど気にしていないもの。

RESET

特性とリセット症候群

ＡＳＤ（自閉スペクトラム症）やＡＤＨＤ（注意欠如多動症）などの発達障害の特性がある場合は、コミュニケーションが苦手なため人間関係のストレスを抱えやすく、極端な行動をとってしまうことがあります。

コミュニケーションをとる際に私たちは、**そのときの状況や周囲の人との関係を意識し、自分の感情表現を調整しながら会話**します。この能力を「セルフモニタリング能力」といいます。

空気を読んで、相手が楽しく過ごせるようにコミュニケーションできるタイプはセルフモニタリング能力が高い人です。相手が自分に抱く感情や、相手が何を言ったら喜ぶのかをすばやくキャッチし、それに合わせた言動へと転換します。

逆に、セルフモニタリング能力が低い人は、空気を読んだり相手の気持ちをくみとったりすることなく、自分の感情を優先します。その場の雰囲気を読むことなく自分の意見を発言するので、一貫性があります。その代わり、融通が利かない、面白みがない、真面目一徹などの印象を持たれることもあるようです。

心理学者マーク・スナイダーによると、**日本人はセルフモニタリング能力が高い傾向にある**といいます。しかし、前述したようにネットでは文字情報しかないため、ＳＮＳだと難しく感じる人は多いでしょう。

反対に、文字の情報だけの方がコミュニケーションをとりやすい人たちがいます。

それが、ＡＳＤやＡＤＨＤなどの特性を持つ人たちです。

彼らは言語や学習能力には問題がないのですが、周囲とのコミュニケーションが少し苦手です。曖昧な言い方から言葉の外に含んだ意図を読みとることができない、相手の様子や空気を読んだ発言ができないため、人間関係に支障が出ることがあります。

しかし、ネット上のＳＮＳやＬＩＮＥなどは、言葉だけのコミュニケーションなので、彼らはその文章を読んで理解することが可能です。話すことが苦手でも、文章にすることで伝えることができます。彼らにとって、**SNSはストレスが少ないコミュニケーションツール**だといえるでしょう。

しかし時には、**言うとはばかられることを言葉にしてしまうことがあります。**例えば、SNSならば「面白くないです」「あなたの言ってることが嫌いです」など、正直に発信してしまいます。反対に、言葉をそのまま解釈してしまうため、「うさぎみたいだね」と言われると、「うさぎはいないのに、なぜそのようなことを言うのだろう」と不思議に感じて、相手に会話が通じない返事をしてしまうこともあります。

また、言葉になっていても曖昧な指示が苦手なため、「明日、お昼くらいに食べに行かない?」と連絡が来ても、「お昼って何時だろう。食べに行くとはどこに何を食べに行くのだろう」と考え込んでしまいます。

こうしたことが積み重なることでストレスをためやすく、一時の感情でリセットする状況が起きやすくなります。極端な行動をとってしまうことも特徴です。

物事を両極端にとらえて周囲との関係がうまくいかない状態を「パーソナリティ障害」といいます。特に、感情の起伏が激しく、衝動的な行動が見られる状態が「境界性パーソナリティ障害」です。

気分の浮き沈みと両極端な思考で、例えば100%の楽しい時間に、20%の面白くないことが起きただけで、「今日はひどい日だった」「許せない」となってしまいます。

また、信頼している人が返事をしなかった、笑わなかったなど、一瞬のことだけで「見捨てられるかもしれない」と極度の不安に襲われます。この不安や怒りの感情に任せて、リアルやネットの人間関係を衝動的に断ってしまうこともあります。

特性がある人は、驚くほどの集中力を発揮したり、得意分野を持っていたりと、秀でた能力を発揮することも少なくありません。日常生活に支障がなく、または周囲の人が困っていなければ問題ありませんが、困っていたり深く悩んでいるのであれば、専門の機関に相談しましょう。

POINT

特性は個性。明確で具体的な対応を心がけるなど工夫を。

RESET

リセット症候群に陥ってしまうカギは「自己肯定感」

さて、ここまで「人間関係リセット症候群」について考えてきました。リセットの行動やリセットしてしまう人の特徴など、リセットの数だけ理由はあるのですが、**共通点を探してみることで、リセットしてしまうほどの人間関係の悩みから解放される方法が見つかりそうです。**

人間関係リセット症候群は、相手の存在をブロックするのではなく、自分の存在を消して関係を断つことです。その行動には以下の理由があります。

- 過去を削除して新しい自分になりたい
- 相手に気を使いすぎて疲れる

・自分より幸せで楽しそうな人を見るのがつらい
・「どうせ私なんて」と、自分を過小評価する
・相手がどう思っているのか気になってしかたがない
・完璧主義で１００点でなければ意味がない

これらの理由を、自尊感情の低さ、孤独への恐怖、自意識の強さなどの言葉を使って解説してきました。共通するのは、

「どうせ私なんて……」

という自分の存在を低く見てしまう意識です。

つまり、**自分の存在を認めて受け入れることで、人間関係に対する考え方は大きく変わります。**

「どうせ私なんて」という意識を、「私は私」と考えることができたら、リアルでもSNSでも、もっとラクに楽しく人と関われるはずです。

ではどうすれば、意識を変えることができるのでしょう。

そのキーポイントとなるのが、**「自己肯定感」**です。「自己肯定感」を上げることで、

自分を卑下する癖も、周りの目を気にしすぎてしまうことも、他人の幸せに嫉妬してモヤモヤすることも、みんな解決できます。

自己肯定感とは、一言でいうと、**自分の存在を無条件で自分自身に認めること**です。自分自身の存在を、丸ごと自分に受け入れること。これが、真の自己肯定感です。先に、自尊感情の高さ、低さの話をしましたが、自尊感情はほぼ自己肯定感と同じ意味として使用されています。どちらも重要なのは**「無条件」の需要と承認**です。無条件に自分の存在を受け入れたとき、人は無敵になれます。

例えば、「あなた、自信がありますか?」と質問した答えで「自分は東大を出ているし、恋人は有名メーカー社長の秘書だし、実家は金持ちだから、毎日自信でいっぱいです」という答えと「自信あります。理由は特にないし、具体的な理由はないけれど、私だから大丈夫」と答える人では、どちらが強い自信を持っていると思いますか?

答えは、**根拠のない自信を持つ**後者です。心理学的に後者の方が「一番強い自信」

だとしています。

前者は、いわば条件付きの自信です。世の中には東大以上の大学はたくさんあります。恋人とは別れるかもしれませんし、会社を辞めてしまうかもしれません。お金持ちの実家も何が起こるかはわかりません。自信の根拠となるものがなくなってしまえば、前者の人の自信は一瞬で崩れてしまうのです。

こうした**根拠のない自信を持てる、自分の長所も短所も認めた自己肯定感を持っていれば、人の目を気にする必要はなくなります。**誰かが結婚したところで、自分の今が幸せなのだからモヤモヤすることもありません。

自己肯定感が全てを解決します。

そして、自己肯定感を上げるには、毎日のちょっとした習慣で可能なのです。

POINT

人間関係リセット症候群の悩みを解決するのは自己肯定感。

RESET

第４章

リセットに苦しまない！
誰でもできる
自己肯定感の上げ方

RESET

自己肯定感のポイントは自己愛

自己肯定感とは、**「ありのままの自分を受け入れる」**ことです。他者と比較した優劣で自分を評価するのではなく、「今の自分自身」を尊重することで生まれる感覚です。

自己肯定感をアップすることで、人間関係での悩みは格段に少なくなります。なぜかというと、自分自身を認めて愛することで、相手のことも尊重できるようになるからです。

自分を無条件に認める感覚には、「親が子供に注ぐ愛情」で考えるとわかりやすいでしょう。

親は「子供のことをかわいいと思いますか?」と聞いたら、大半の親は「もちろん」

と答えます。では次に、「なぜですか？」と質問されたときに、「うちの子は勉強できるから」「うちの子はモデルをしててかわいいから」と答える場合と、「うちの子のこと が大切だから」「理由なんてない。世界で一番かわいい」と答える場合、どちらが強い愛かといえば、後者です。前者は条件付きです。勉強ができなくなったり、モデルを辞めたらかわいくなってしまうのか、ということになります。

本当の愛は、勉強できなくてもモデルじゃなくても、「かわいいからかわいい」という、**「根拠のない絶対」**です。

同じように、自分を「根拠はないけれど、私は私だから大切」と愛することで、根本的な自己肯定感を持つことができます。

また、**自分を愛する気持ちを持つことで、安心感に繋がります**。何かを過剰に心配したり不安に感じることがなくなるので、例えばＬＩＮＥの既読が付いてしばらく返信がなくても「忙しいのかな」と思えるようになります。自分を信頼しているので、一足飛びに「嫌われたんだ」とはならないのです。

自己肯定感を上げることで、人間関係も変化します。自己肯定感が高く、自分を愛せる人は、相手も尊重できます。

人類はひとりでは生きていけない動物であり、社会的な関係性を保って生きる、社会的な動物です。自分自身への肯定感は、他者に対しての肯定感に繋がります。**自分自身を受け入れ存在を認めることで、他者のことも受け入れる余裕が生まれる**のです。

人を馬鹿にしてばかりいる人は、人の悪いところばかり見えているわけですが、実はその視点は、自分自身にも向けられています。自分自身に対してもネガティブな感情が強い人です。

自己肯定感が低いと、人に対して怒りや恨み、妬みなど、マイナス感情を持ってしまいがちです。つまりそれは、自分への感情でもあります。

ＳＮＳで「パートナーにブランドバッグを買ってもらった」という投稿を見て、「相手がお金持ちだから買ってもらえただけで、自分で買ったわけじゃないのに」とモヤモヤした嫉妬や怒りが出てくるのは、今の自分を肯定できていないからかもしれません。自己肯定感が高ければ、「よかったね。私もブランドバッグのひとつも買えるようにがんばろうかな」と、自分へのエネルギーに変えることができます。**妬むのでは**

なく、自分を満たす原動力にしてしまうのです。

自己肯定感を保つには、いつでも自分自身を好きでいることです。そのためには、相手に対して「善意」で接することを心がけましょう。

人間関係には反発の法則があります。**嫌な態度で接すれば、嫌な態度で返ってきます。しかし、善意を持って接することで、相手も好意を持ってくれます。**

こうして人間関係を築いていくことで、周りから「愛されている」と自覚が生まれ、自己愛につながるでしょう。こうした行動や考え方は、ある意味、「自己肯定感を育て直す」と言ってもよいかもしれません。

POINT

自分を愛することで自己肯定感が生まれ、ネガティブ感情に振り回されない。相手に対して善意で接することで周囲からの愛を自覚できる。

RESET

過去は変えられない

人間関係のリセットは、一時のマイナス感情にまかせて衝動的に人間関係を断つ行動です。この一時のマイナス感情には、過去の自分の失敗が許せない、つらい過去のトラウマが発動してしまった、など様々です。多くは、**過去の出来事をネガティブなまま引きずってしまい、「また同じことになりたくない！」とリセットしてしまう**のです。

マイナス感情をいつまでも持ち続けてしまう人と、切り替えられる人がいます。切り替えられる人は、今の自分を肯定している人です。つまり、自己肯定感が高ければ、前向きに過去をリセットできます。

しかし、いつまでも引きずってしまう人は、**何かあるごとにマイナス感情を抱くきっ**

かけとなったことを思い出してしまう傾向にあります。

例えば、仕事での失敗をみんなの前で叱責された過去がある人は、転職先で別のミスをしたときに、前の会社の出来事を思い出し「またあんな屈辱的なことが起きたらどうしよう」と思い詰めてしまい、急に退職を強行してしまいます。

また、ＳＮＳで知り合いの結婚報告を見て、以前参加した同窓会で「まだ独身だったんだ」という言葉をかけられ売れ残りのように感じたことを思い出し、何もかも嫌になってＳＮＳのアカウントを削除してしまうのも同様です。

精神科医の森田正馬は、**怒りや悲しみなどのマイナスの感情は、時間とともに弓なりの曲線を描いて低減する**という法則を唱えました。時間が経てば、収まってくるものなのです。

しかし、マイナス感情を長期間にわたって忘れられない人は、何かきっかけがあると、その度に思い出してしまいます。そしてまた落ち込むといったネガティブスパイラルに陥ってしまいます。

これを何度も繰り返すと、体に不調が現れる、または鬱の傾向が出ることもあります。衝動的なリセットの行動も、無関係ではないでしょう。

過去が忘れられない人が理解すべきことは「過去は変えられない」という大前提です。職場のミスも、誰かにいわれた心ない言葉も、好きな人に裏切られたことも、「なかったことにしたい」とどんなに強く思い詰めたところで、過去は絶対に変えられません。

変えられない過去のことでどんなに悩んでも、問題は未来永劫解決しないのです。

「過去は変えられない」と認めることがない限り、悩みから解放されることはありません。

POINT

過去は変えられないのだから、どんなに悩んでも解決しない。

RESET

過去や未来の不安の乗り越え方

では、どうしたら過去と決別できるのでしょう。それは、**過去を学びに変えて、今を生きる力にすること**です。

ネガティブな考えばかり浮かぶ人は、過去の経験から「また失敗したらどうしよう」と考え、**まだわからない未来のことまで心配**します。

「子供の習い事の最中なんだけど、ここですぐに返信しないとママ友に嫌われるかもしれない（過去にＬＩＮＥの返信が遅いと言われた）」

「仕事が忙しいから後でひとりでランチに行きたいんだけど、ここで一緒に行くのを断ったら連帯感がない人と思われる（過去に飲み会を断って上司の機嫌を悪くした）」

過去にとらわれる人は、これから起こるかもしれないことを勝手に想像して不安になってしまいます。**未来の不安に気をとられてしまうので、今の自分の感情や状況を**

優先できないのです。

過去の失敗や経験は「今度はどう対処すべきか」という次にいかすための引き出しとして、未来への不安は「その時はその時」と割り切ってしまいましょう。**目の前のことと自分を優先**するのです。

「子供をちゃんと見てあげたいから、今は子供の習い事に集中しよう（LINEの返事はあとでにしよう。遅くなったことを一言謝って、連絡くれたことへの感謝も伝えよう）」

「仕事を仕上げてからランチに行くから、先に行ってて。明日なら一緒に行けそう（仕事を終えて気持ちよくランチに行くことを優先。誘ってくれたことに感謝しつつ、次は行くと伝えよう）」

前述したように、相手に善意を持って事情を伝えることで、相手も好意で返してくれます。**悪い方向になる確率は低い**のです。

もし、「返事が遅い」「せっかく誘ったのに」と言われたところで、それは相手があなたの事情をくむだけの想像ができないだけで、あなたが悪いわけではありません。

過去は変えられないし、起きる確率が低い未来を心配しても始まりません。

今の自分を信じて、優先してあげましょう。

POINT

愛する自分の「今」に集中しよう。

RESET

自己肯定感を上げる自問自答法

自己肯定感が低い人は、「どうせ私が誘っても誰も来ない」「私なんかといても楽しくないだろう」「自分が発表しても笑われるに決まっている」と先回りして考えがちです。他人に相談しようとしても「きっと解決方法はないだろう」「怒られるかもしれない」とやはり先回りして、他人に頼ることができません。こうしてひとりで抱え込んでしまい、ストレスをためていくのです。

また、**何かにチャレンジする気持ちも低い**傾向にあります。「失敗したらどうしよう」「褒められなかったらどうしよう」と必要以上に恐れてしまうのです。絶対に失敗しない自分を求めているため、チャレンジへの行動にストップがかかります。

自己肯定感が高い人は、何かにチャレンジする気持ちが強くなります。

例えば、子供は何にでも好奇心を持って行動します。これは、お母さんやお父さんが何をやっても褒めていたからです。赤ちゃんは何をやっても褒められます。「よく寝た」「たくさん飲んだ」「寝返りした」「はいはいした」はもちろん、転んで立ち上がっても「よくがんばったね！」と褒めてもらえます。こうして育てられることで、好奇心やチャレンジの気持ちが育ちます。

しかし、もし親が「まだ歩けないの」「転ぶなんてダメな子供」と攻めてばかりだと、子供は立って歩くことが怖くなって、チャレンジできない子供になってしまうでしょう。

大人になっても同じです。

自己肯定感が低いと、自分に自信がないため、**成功しないと自分には価値がない**と思い込んでしまいます。チャレンジが怖いので、「今は準備中」と言い訳して先延ばしし続けることも珍しくありません。失敗したくないから、失敗する前に止めてしまうのです。

これは、人間関係リセット症候群にも当てはまります。自分に自信がないため、誰にも相談できずにひとりで抱え込んでストレスをためていきます。自分が悪くないのに、「何かしてしまったのではないか」と考え込みます。「SNSで『いいね』がもらえない」「嫌われた」「変な人と思われた」という**不安や不満に耐えきれず、未来の失敗を避ける、または現状を認めないために、衝動的にリセットしてしまう**のです。

自己肯定感が高ければ、もし自分のミスで相手を誤解させてしまったと思い至れば、理由を説明して謝るために連絡をとろうとするでしょう。また、SNSなどで悪意の攻撃を受けても「あなたはそう考えるんですね」と放置することもできます。

こうした自己肯定感の有無は、育った環境にも起因しますが、今から自分で自己肯定感を上げるためにできることはたくさんあります。そのひとつが、**自分を肯定せざるを得ない「質問」で自問自答する方法**です。

「イエス」は肯定の意味を持ちます。この「イエス」が答えとなる質問を自分にしてみましょう。

「ご飯食べた?」「イエス」「おいしかった?」「イエス」「歯を磨いた?」「イエス」

質問は、答えが「イエス」になれば何でも大丈夫。**「イエス」を3回ほど繰り返すことで気持ちが前向きになってきます。**

この方法は、催眠療法の精神科医ミルトン・エリクソンの「イエス・セット」のテクニックを応用したものです。本来イエス・セットは相手の心を開くためのテクニックなのですが、自分自身に使うことで自分の心を前向きに転換させ、自己肯定感を高めることが期待できます。

自己肯定感が低いまま、あらゆることを心配しても毎日は楽しくなりません。毎日を前向きに過ごすことも、自己肯定感を高めるよい方法です。

POINT

肯定の言葉で自問自答して、自己肯定感をアップ！

RESET

笑顔と運動でハッピーになれる

毎日を楽しく過ごす1番簡単な方法が「笑顔」と「運動」です。自分の機嫌がいいと、相手の機嫌もよくなるので、結果的に自己肯定感が上がります。

「笑顔」でいることで人から好意を受ける傾向が高まり、人間関係を良好に導くことが可能です。

とはいえ、楽しくもないのに笑顔を作るのは難しいかもしれません。そんなときは、作り笑いでもいいので口角を上げてみましょう。すると不思議なことに、楽しい感情が出てきます。

この、表情が感情を生み出す現象を「表情フィードバック仮説」といいます。アメリカの心理学者トムキンスが発表した仮説です。**顔の表情筋が刺激に反応して表情を**

作り、それが脳にフィードバックされることで感情が生まれるとする説です。

意識して笑顔を作ることで、楽しい感情が生まれます。不機嫌もモヤモヤも解消します。

ＳＮＳでマウントをとってくる人がいても、笑顔を作ることでリセットを回避してミュートで抑えたり、スルーできたりするかもしれません。職場で上司の機嫌が悪くても、笑顔を作っておくことでとばっちりを防ぐ効果があるかもしれません。

そしてもう１つの自己肯定感を上げる習慣が「運動」です。

体を動かす人は鬱になりにくいといわれています。運動といっても激しい運動は必要ありません。運動量に関係なく、ちょっと外に出てウォーキングでもよいのです。気持ちよくなるくらいの運動量がよいでしょう。ドーパミンが出て快感が得られます。心の栄養です。

ＳＮＳやネット、対人関係に依存してしまう人は、この心の栄養が依存対象からしかとれていません。栄養に飢えているから依存してしまうのです。ＳＮＳからドーパミンを得るほか、酒やギャンブルへの依存も考えられます。

日頃の運動で快感を得る仕組みを作っておくことで、SNSからの承認に一喜一憂しない自分になれます。快感を得て笑顔になるので、機嫌よくいられます。

また、**運動の際に日光を浴びるとより効果的**です。運動に時間を割けない日は日光だけでも浴びてみましょう。日光を日常的に浴びている人はそうでない人と比較して鬱病の発症率が低い傾向にあります。

これは、日光を浴びることによって脳内の神経伝達物質のセロトニンの分泌が促されるからです。セロトニンは、心のバランスを整える効果があります。ストレスがたまりがちな人は、1日30分程度の日光浴を心がけましょう。

POINT

笑顔と運動、日光浴で人間関係のモヤモヤを回避。

RESET

嫉妬の感情とどう向き合う？

ＳＮＳを見ていると**「よくわからないけどモヤモヤする」「相手のことが嫌いではないのにイライラする」「自分より優れている人がいると負けたと感じる」**という感情がわいてくることは誰にでもあります。自己肯定感が低いと、これらの度合いが増し、ストレスとなって蓄積してしまうのです。

モヤモヤやイライラ、勝敗をつけてしまうことにまとめて名を付けると、「嫉妬」になります。他人が自分より優れている、恵まれているといったときに感じる「嫉み」「妬み」というネガティブな感情です。

78ページで解説した「マキシマイザー」「サティスファイザー」では、完璧主義者のマキシマイザーの方が、嫉妬の感情を持ちやすいといえます。マキシマイザーはオールオアナッシング（0か100か）で物事をとらえるので、自分より優れた人を見ると「負けた」と感じてしまうのです。**自分を全て勝敗で評価**するので、「勝てた」と感じる範囲内であればよいのですが、SNSなどのインターネット上では自分より優れた人をたくさん目にしてしまいます。「負けた」と感じることが多くなり、劣等感に苛まれてストレスがたまり、「自分はここでは勝てない」と感じ、アカウントを削除しようと考えてしまうのです。

年収1500万円の人が「年収1000万円以下は負け組だ」と考えているとします。その人は、年収が5000万円になっても1億円になったとしても、負け組のランクを常に考えて、自分よりも年収の高い人に「負けた」と感じ続けることになります。負け組だと思っていた人が、自分と同じ年収になると、負け組よりも上にいなくてはならないと考えて、疲れ果ててしまいます。結果、ストレスの多い人生を歩むことになるのです。

勝ち負けにとらわれると、真の意味の自己肯定感を持つことが難しくなります。サティスファイザーのように、「自分は自分」の枠を持っていると、「年収はそんなに高いわけではないけど、趣味に時間を割けるし、家族と過ごせるし、これはこれで満足」と考えることができ、ずっと幸せです。

「自分は自分」と考えることで、自分よりも優れていると感じる人を見ても、嫉妬の感情に振り回されることはありません。

POINT

自分は自分。自分の幸せを大切にしよう。

RESET

まだまだある！　様々な種類の嫉妬

成功している人に対して悪く言いたくなる、または悪く言ってしまって苦しいというのも**「うらやましい」**から来る感情です。

例えば、あなたが住みたいと思っているタワマンに、知り合いが引っ越したとします。これを知って「あそこのタワマン、いつかの台風で浸水したところじゃない？」「実家が太い（裕福である）もんね」と何か一言言いたくなってしまいます。これは、自分が実現できていないことを相手が実現できていると知り、悔しい気持ちや劣等感から目をそらし、「自分は理由があって実行していないだけ」と納得しようとしているのです。

自分と同じレベルで同じ分野の人が成功しているのを見ると、嫉妬の感情を抱きやすくなるものです。

そこで「プライドが傷つけられた」と考えるのではなく、「自分に何が足りていないんだろう」「実家は太くないけど私は仕事を持っているんだし、私なりに地道にがんばっていこう」とプラスに考えられれば、前向きに行動することができます。

また、知り合いの行動を見て、嫉妬なのか怒りなのかわからないけれどイライラすることがあります。これは、相手の行動や性格に自分の「シャドウ（嫌な部分）」を感じとった反応だといわれています。

「シャドウ」は、心理学者ユングの概念です。ユングは、人が人前で見せている姿を「ペルソナ」、心の中にいるもう１人の自分を「シャドウ」と名付けました。

例えば、ＳＮＳ上でいつもかわいらしいファッションとアニメキャラクターのようなコメントで人気のアカウントがあったとします。そのアカウントに対して「なんかイラつく」と感じる場合、シャドウの自分も**本当はかわいらしい服で美少女キャラのような会話をしたいと感じている**のかもしれません。

しかし、**表面上のペルソナの自分はクールで通しているため、シャドウを意識させられてイライラしてしまう**のです。

嫉妬の形は様々です。自分がどのパターンなのかがわかれば、**モヤモヤしても冷静に自分の現状を把握**できるでしょう。

ＳＮＳにはいろいろな人がいます。嫉妬を煽ってくる人もいます。「嫌だな」と感じるのなら、わざわざ見に行って感情をざわつかせる必要はありません。リセットするまで思い詰める必要もありません。外の空気を吸いに出るなど、意識してスマホを閉じてクールダウンしましょう。**「人は人、自分は自分」**です。

POINT

嫉妬は自分を見つめ直すきっかけに。

RESET

比較することは「悪」ではない　上手な他人との比べ方

人は無意識のうちに誰かと比べています。比較することで、自分の能力や容姿、行動を確認して、正当な評価を得ようとしているのです。

ですから、**「誰かと比べて落ち込んでしまう」というのは、他人と比較して自分の立ち位置を確認している行為**です。無意識ですから「やりたくないのに」どうしてもやってしまう行動ではありません。

他人と比較して自分を確認する傾向を、「社会的比較理論」といいます。アメリカの心理学者レオン・フェスティンガーが提唱した理論で、**今の自分に満足できなかったり、不安に感じたりしているときに、人は周囲の誰かと自分を比較することで安心しよう**とすると考えられています。したがって、ＳＮＳで自分と誰かを比較してしまう行動は、今の自分に満足していないのかもしれません。

社会的比較理論では、比較の対象を「上方比較」と「下方比較」に分けています。自分より上位の人と比較するのが上方比較、自分より下だと思う人と比較するのが下方比較です。

例えば、営業成績が自分より高い人と比較するのが上方比較、営業成績が自分より低い人と比べるのが下方比較です。恋人はいるけどまだ結婚していない（自分は早く結婚したい）人であれば、既婚者と比べるのが上方比較、結婚する当てもなく恋人もいない人と比べるのが下方比較となります。

上方比較と下方比較を選ぶとき、**自己肯定感が高い人は上方比較を選ぶ**傾向にあります。自分に自信があるため、自分より上の人を見て「自分もがんばろう」と向上心を持つことができるのです。

しかし、あまりに上の存在と比較した場合、目標が高すぎてなかなか達成できずに、フラストレーションをためてしまいます。心が折れて「努力して報われないのは自分に能力がないのかもしれない」と、自己肯定感を下げてしまうかもしれません。

下方比較は、自分に自信がないときに行う傾向があります。自分より下の人を見て、「自分はまだ大丈夫」「あの人よりマシ」と自分を安心させようとするのです。

例えば、恋人がいて結婚したいけれどなかなか進展しない人は、恋人がいない人を見て「私はまだ大丈夫」と納得します。年収が下がってしまった人が、自分より年収が低い人を見て「あの年収でも暮らしていけるんだから大丈夫」と安心します。

いつでも向上心を持って上を目指すことはいいことですが、落ち込んでいるときに上方比較をしてもさらに落ち込みが増すだけです。**自分に自信がなくて落ち込みがちなときは、下方比較で気分の回復を優先**しましょう。言葉にして比較対象の相手に言わなければ、比較してると気付かれることはありません。

では、自分より上位も下位も集まっているはずなのに「ＳＮＳを見てると自分がちっぽけに見えてしまってつらい」となってしまうのはなぜなのでしょう。

答えは簡単です。**ＳＮＳには「本来の自分よりも盛った自分」がたくさん集まっているから**です。

詳しくは後述しますが（140ページ）、**「SNSは承認欲求を煽るメディア**です。「実際よりも盛って多くの人からうらやましいと思われる自分」を演出している人はたくさんいます。キラキラ投稿が多いSNSは、キラキラなライフスタイルを送りたい人たちが集まるからです。

そうしたところで投稿を眺めて落ち込んでいても仕方ありません。**SNSから得られる情報は、半分くらいに見積もっておくのが得策**です。

POINT

落ち込んでいるときは下方比較でメンタルに安定を。

RESET

適度な距離感で自分を守る

リアルの人間関係も、ＳＮＳでの人間関係も、**適度な距離感がお互いに心地よい関係を作ります。**

人はそれぞれ自分の「縄張り意識」を持っていて、これをパーソナルスペースといいます。親密な人とは狭く、警戒する人とは広くなど相手によっても様々です。

相手のパーソナルスペースを気にせずに近づきすぎると、自分はよくても相手を不快にさせてしまいます。反対に、自分は近づいて欲しくないのに相手がぴったりと距離を詰めてくると、大きなストレスとなります。満員電車で人はイライラしてしまいますが、それはパーソナルスペースが守られていないからです。

心理的な距離のパーソナルスペースもあります。お互いに思い合っていても、仲良くなっていくにつれて反発や喧嘩などのトラブルが増えます。心理的距離も、近づきすぎず離れすぎずにいることが、円満を保つ秘訣です。

これを心理学では**「ヤマアラシのジレンマ」**といいます。ドイツの哲学者ショーペンハウアーが作った寓話から生まれた言葉です。

ある日、2匹のヤマアラシが嵐にあいました。安全な場所に逃げ込み、寒いのでお互いの体を寄せ合って温まろうとしますが、体が針で覆われているのお互いを針で刺してしまいます。痛いので離れると、今度は寒くてたまりません。そこでまた近づいてみるのですが、やはり針が痛くて近づけません。近づいたり離れたりを繰り返し、2匹はようやく、**お互いを傷つけない、体もほどほどに温め合える最適な距離**を発見しました。それからその2匹はその距離を保ち続けました。

人と人も、お互いのちょうどいい距離を見極めながら親密になっていきます。近づきすぎず、離れすぎずの距離でいれば、お互いをむやみに傷つけずにすみます。

しかし、オールオアナッシングの人は、「好き」となったら相手の物理的・心理的

２匹のヤマアラシ

お互いを傷つけない
体もほどほどに温め合える
最適な距離

なパーソナルスペースを無視して近づこうとします。これでは、円滑なコミュニケーションをとることができません。そして、相手が拒否反応を示すと、今度は「嫌われた！　もうダメだ」と落ち込んでしまうのです。

ＳＮＳとの距離も同様です。ＳＮＳ自体は人ではありませんが、**近づきすぎるとやはり「攻撃的な言葉」「嫉妬を煽る投稿」「マウントをとってくるアカウント」「ネガティブな発言」など、針に刺されてしまいます。**

もし自分がＳＮＳに依存してしまい、そういった投稿で注目されることで承認欲求を満たしているのだとしたら、やはり誰かを傷つけているのです。

POINT

人間関係はヤマアラシのジレンマの繰り返し。快適な距離を保とう。

RESET

それはあなたの思い込み

気分が落ち込んでいるときは、ＳＮＳを見るとさらに落ち込んでしまうことがあります。また、イライラしているときに人と話をしていても、しばらくはイライラしたままなので相手に誤解させてしまうこともあります。

相手に対してどのような感情を抱くかは、その時の本人の感情に関係があります。**よい気分のときは、相手に対して好印象を抱きやすく、不快な感情のときは相手に対しても不快に感じてイライラしてしまう**のです。

これを「感情一致効果」といいます。

人は無意識のうちに**自分の感情と同じ情報を集めよう**とします。何か心配事や不安に感じていることがあってネガティブな感情になっているときには、いつもは気にしない情報もネガティブに見えてきます。

例えば、パートナーと喧嘩して仲直りができていないまま出社すると、いつも明るい同僚の態度が素っ気なく感じたとき、いつもなら「元気ないね」といえるのに、ネガティブに感情が働いているので「私、何かしたかな。私のせいかな」と考えてしまします。

また、普段から自己肯定感が低いと、悪い噂や知り合いのアカウントの愚痴のポストを見て、「もしかしたら私のことかもしれない」と考えがちです。**普段からマイナス意識でいるため、どんなことでもマイナスにとらえてしまう**のです。

オールオアナッシングの気質であれば、ちょっとした悪口や評価などを自分のことだと思い込み、それが許せなくて攻撃的になる人もいます。自分の理想とする姿とかけ離れてしまうためです。さらに、自己肯定感の低さが、マイナスの出来事は全て自分のことだと思い込ませてしまうのです。

自己肯定感が高ければ、多少何か言われても気にせずいられます。他の誰かのマイナス感情に引っ張られることもありません。「自分は自分」でいられます。

これは、反対でも当てはまります。つまり、相手から好印象を得るために、相手に対して居心地をよくしてあげるのです。

１番簡単なのは、「褒める」ことと「笑顔」でいること。笑顔で相手を褒めると、相手もあなたに好印象を抱き、あなたを高評価するでしょう。

こうすることで、**相手もあなたも自己肯定感が上がり、円満な人間関係を構築できます。**

POINT

自己肯定感が低いと悪いことばかり目に付いてしまう。イライラしたときは、相手に対して笑顔と褒め言葉。

RESET

第5章

ストレスをため込まない
SNS時代の
人間関係の考え方

RESET

情報に振り回されないＳＮＳとの付き合い方

日本国内のある調査では、**約50％がＳＮＳで自己肯定感が下がった経験がある**と回答し、インスタグラムが最も自己肯定感を下げると同時に上げることもできるＳＮＳであるとの調査結果を発表しています。

インスタグラムが「自己肯定感を下げる」理由は、「友人や著名人のいい生活の側面が画像で鮮明に伝わり、比較してしまった際により自己肯定感が下がる」でした。「自己肯定感を上げる」理由は、「1投稿あたりにかける時間が他ＳＮＳより長いため、投稿に対して周囲からのリアクションがあった際にかけた時間の分、自己肯定感が最も上がる」と考えられるとしています。

このように、ＳＮＳは世界中の人と繋がり、多くの情報が得られる一方で、**使う側**

の自己肯定感に大きく影響を与えていることがわかります。

多くの人が、自分より格上だと感じるアカウントの投稿を見てマイナスの感情を抱き、あるいは、自分がＳＮＳの中で上位の存在だと感じて自己肯定感を上げているというわけです。

ある意味わかりやすい結果だといえます。アカウント削除などのリセットをしたことがある人は、心当たりがあるのではないでしょうか。

ＳＮＳにはいろいろな人がいます。先の調査で50％の人が自己肯定感が下がったと回答しているということは、**2人に1人が自己肯定感の低い状態で、ＳＮＳに投稿したり閲覧したりしている**のです。

１２３ページ（比較することは「悪」ではない　上手な他人との比べ方）で述べたように、人は無意識に他人と自分を比較しています。比較することで、自分が普通なのか、間違っていないのか、自分の立ち位置はどこなのかを確認するのです。

これはＳＮＳの中でも同じです。しかし、たくさんの投稿が流れてくる中で、ありのままの自分と同レベルの投稿を見つけることは困難でしょう。なぜなら、多くのアカウントが、**最高の見せたい自分を投稿**しているからです。

こうした投稿は、見ている人に「自分は底辺層の人間なんだ」と思い知らせるかもしれません。

しかし、冷静に考えてみましょう。

自分が投稿するときも、多少写真を加工することがありませんか？　友人の投稿に、自分の方が上だと見栄を張ったことはないですか？

自己肯定感が低い人ほど承認欲求が高いといわれています。そうした人が投稿しているのですから、キラキラした投稿は本当にその人の真の姿ではない可能性もあります。自分を高く見せようとして、加工したり、話を盛ったりしているかもしれません。

ＳＮＳで見せている姿が「真の姿」ではないのです。

そもそも、自己肯定感が高く、自分の満足基準を把握していれば、自分よりレベルが高い人の投稿を見ても、感情は揺らぎません。ましてや、卑屈になることもありません。「ここは居心地が良くないな」と感じたのなら、そっと距離を置くだけですみます。罪悪感を感じることもありません。

ＳＮＳは所詮バーチャルな世界です。あなたはリアルの世界を生きています。**虚構の世界を自分の基準に設定する必要はない**のです。

POINT

ＳＮＳはバーチャルな世界。
リアルの世界で自分の満足基準を決めよう。

RESET

ＳＮＳは人間の承認欲求を加速させるためにできている

「ＳＮＳ疲れ」という言葉が登場して久しいほど、ＳＮＳは生活に溶け込んでいます。

多くの人が何らかのＳＮＳのアカウントを持っており、初対面で名刺の交換を行うようにアカウントのフォローやＬＩＮＥの交換が行われます。

便利なＳＮＳですが、その中で人とコミュニケーションをとったり、他のアカウントの言動や画像を見たりすることで、イライラ、モヤモヤなどの疲労や苦痛が生じることがあります。

「自分はこんなに素敵な投稿をしているのに、どうして『いいね』があまり付かないんだろう」「私の方があの人よりも面白いことを言ってるのに、なぜ私には『いいね』が付かないんだろう」と、イライラモヤモヤしてしまうのです。

ＳＮＳは「承認欲求」を加速させることがとても上手です。「承認欲求」とは、「他人から価値ある存在だと認められたい」「肯定的に評価されたい」という欲求です。

ＳＮＳでは、『いいね』の数」「フォロワーの数」「肯定的なコメント」といった、**数が可視化されていることで、それが評価基準となります。**誰が見てもわかりやすいので、承認欲求を満たすために数をどんどん求めてしまうのです。

また、自己肯定感が低い人ほど承認欲求が強いといわれています。

自分が承認して欲しい１番の存在は自分です。しかし、自己肯定感が低い人は、自分の無条件の価値を認めていません。この欲求不満を解消しようと、他者の承認を求めてしまうのです。

ＳＮＳでは、「いいね」の数を集めることで、承認欲求を手軽に満たすことができます。最初は「いいね」が１つだとしても、「認められた！　承認された！」と感じ、そこから得られる刺激で満足できていたのに、**欲求はどんどん強くなり、少ない数では刺激が少なく感じてしまい満足しなくなります。**欲求が満たされないことでフラストレーションがたまり、やがて強いストレスを感じるようになります。このストレスに耐えきれなくなり、満たされない自分の姿を消すという、リセット行動をしてしまうのです。

ＳＮＳは自己肯定感の低い人にとって、最初こそ満たされるツールですが、依存するほどにストレスの元凶となります。

POINT

ＳＮＳを自分の承認欲求を満たすツールにしない。
自分の承認は自分自身から。

RESET

よりどりみどりがストレスを生む「選択的麻痺」

たくさんの人が集まるＳＮＳは、自分が好む繋がりを求めることができます。例えば、自分が好きなアニメやドラマのファン、旅行が好き、政治的な思想の発信をする人たちなどです。

彼らとの交流はネット上、ＳＮＳの中だけです。たまにオフ会などありますが頻繁ではないでしょう。あくまでＳＮＳのコメントでのやりとりに終始します。基本的には**ライトな関係性**です。

これがＳＮＳと適度な距離を保ちながら楽しんでいる例です。しかし、中にはＳＮＳを唯一の居場所としている人もいます。

一見、彼らはＳＮＳ上にあるたくさんの人間関係の中で楽しんでいるように見えます。しかし、本人はストレスを抱え込んで悩んでいるかもしれません。なぜなら、**ネッ**

ト上で構築された人間関係には、不満を抱きやすい法則があるからです。

インターネットではたくさんの人がいて、自分と関わりを持つ人を選び放題できる面があります。ですから、何かのきっかけでリセットしても再始動が可能です。「あの人たちとうまくいかなかったから、こっちの集まりに参加しよう」「あそこの中心人物とトラブルになってリセットしたけど、他にもまだたくさん人がいるから、今度はうまくやろう」と、他の人間関係を探しに行けます。代わりはいくらでもあるからです。

心理学用語に「選択的麻痺」があります。

少ない種類のジャムを「どれがよいか」と選ばせるのと、何十種類のジャムを選ばせるのとでは、種類の多いジャムから選ぶ方が、少ない種類のジャムの中から選ぶよりも「満足感が少ない」という調査結果があります。

ひとつを選んでも、選ばなかったたくさんのジャムを見て「あっちの方が良かったのではないか」と考えてしまうのです。

実は、**人はあまりに多くの選択肢があると、自分で選んだとしても不満を抱きやす**

いといわれています。選択肢が多ければ多いほど幸せなのではなく、多すぎることによってストレスを生んでしまうのです。

大昔、人は20人から30人程度の集落の中で暮らしていました。集落の外に出てしまえば孤独と死が待っているので、パートナーや人間関係を簡単に変えることはできません。だからこそ、自分が所属している人間関係の中でうまくやっていくにはどうしたらよいかを考えました。

また、昔は親が決めた相手としか結婚できない時代でした。一見、「結婚相手を自分で選べないなんて不幸」と思うかもしれませんが、意外と満足感が高いという調査結果が残されています。**限られた選択肢による人間関係は、高い満足度が得られる**のです。

相手を自由に選べるようになった現在、離婚率は時代が下るに従い増加傾向にあります。女性の社会進出など様々な理由がありますが、別れたとしても相手や結婚以外の選択肢がたくさんあることも要因かもしれません。

ＳＮＳ上では世界中の何億人もの人と出会うことができます。いろいろな情報を入手することができ、選択肢も豊富です。友達や恋人、趣味の集まりなどの人間関係をいくらでも選べます。しかも、ＳＮＳでの人間関係はフォロー・フォロワーというライトな繋がりで構築されています。**いくら自分がＳＮＳで深い関わりを求めていても、自分以外の人にとってみれば高い価値にはなりにくい**のです。

いくらでも代わりがいるＳＮＳ上の人間関係は、不満を抱きやすい状態だといえます。したがって、**ＳＮＳの人間関係に集中すればするほど、ストレスを感じやすくなります。**「もっといい場所があるのではないか」という気持ちが、リセットを手軽にさせているのです。

POINT

ＳＮＳの人間関係は不満を抱きやすい。
ライトなものだと割り切り、ＳＮＳ以外の居場所を作ろう。

RESET

自己肯定感が低くなりやすいネット空間

ＳＮＳが精神に及ぼす影響について、ピッツバーグ大学医学部の研究チームが行った調査によると、**ＳＮＳの利用頻度が高ければ高いほど、鬱病になりやすい**ことがわかりました。ＳＮＳの利用頻度が低い人に比べ、頻度が高い人が鬱病になるリスクは２・７倍にも上ります。

ＳＮＳがなぜ鬱病を引き起こすのかについて、論文では「ＳＮＳ上で友人らの投稿を目にすることで、自分以外の人たちは幸せで充実した人生を送っているという歪んだ認識と、うらやむ気持ちが生じる」と指摘しています。

人はひとりでは生きていけないので、常に誰かと繋がって生きています。ひとりが好きだという人も、友達や家族などの繋がりの中で、ひとりの時間を楽しんでいるものです。

ＳＮＳではたくさんの人と繋がることができます。自己肯定感が高い人は、ＳＮＳの情報に惑わされずに適度な距離感で楽しむことができるのですが、自己肯定感が低い人の中には、**リアルの生活で「孤独」を感じている、あるいは承認欲求が満たされないなどの不満を、ＳＮＳで解消しようとする**こともあります。

こうした場合、ＳＮＳの投稿で自分の評価をはかろうとします。「いいね」の数やフォロワー数はもちろん、他のアカウントの投稿と自分を比較して、自分の立ち位置がどこにあるかを確認します。

ところが、ＳＮＳの中にあるのは自分よりも優れた人たちの投稿ばかり。**満たされようとＳＮＳに居場所を求めたのに、劣等感ばかりが蓄積される結果となってしまう**のです。

ＳＮＳが登場する以前の人間関係の範囲は狭く、せいぜい20人から30人程度です。どんな人でも「仲間で1番」といえるものを持っていました。「足が速い」「高い学歴」「力持ち」「料理が美味しい」「手が器用」「絵がうまい」などです。したがって、**承認**

される頻度も多く、自己肯定感が高まりやすい環境だったといえるでしょう。

ところが現在、何億人が集まるＳＮＳには、自分よりもすごい人がたくさんいます。地元では足の速さでは誰にも負けなかったのに、ＳＮＳの中で1番になろうと思ったらオリンピック金メダルクラスでなければ無理です。

こうしたすごい人たちと自分を比較することで、自分はそのグループに属してはならない人間だと感じ始めます。ＳＮＳの人間関係の中から隔離されてしまった、つまり「孤独」であると感じ始めるのです。

ＳＮＳとスマートフォンはセットの関係ですが、この組み合わせにより、人は1日のうちに何度もＳＮＳを見てしまいます。そして、ＳＮＳを見る頻度が高い人ほど、自分よりも人気者で、お金持ちで、美しくて、学歴が高く、人間的にも優れている（と見える）投稿を目にして、自分が彼らよりも格下であると思い込んでしまいます。**スマホでSNSを見る度に、孤独へのリスクが高まった**と感じます。

孤独は、人類最大のストレスです。その孤独から逃れるためにＳＮＳを始めたのに、

ＳＮＳが孤独感を煽ってきます。これではリセットしたくなるのは当然で、鬱病のリスクが高まるのは自明の理です。

ＳＮＳで流れてくるキラキラな投稿は、自分とは無関係の世界、ＳＮＳは情報収集のためと割り切る、ＳＮＳを見る時間を1時間程度にするなど、**距離をとって楽しむくらいがちょうどよい**のです。

POINT

ＳＮＳを見る頻度が高くなるほど、孤独感を高め自己肯定感を下げる。時間を限定する、スマホ断ちをするなど、自分のメンタルを守る工夫を。

RESET

自分の居場所を３つ作ろう

自分が所属する人間関係がＳＮＳだけの人は、アカウントのリセットを繰り返す、またはリセットを後悔して自己嫌悪に陥るといった状態になりやすい傾向にあります。**承認欲求を満たせる場所がＳＮＳだけだと思い込んでいるため、執着が生まれてしまい、うまくいかなくなると新しい関係を求めてリセットしてしまう**のです。自己嫌悪は、関係性を断つことで自覚した孤独への感情ではないでしょうか。

ＳＮＳに執着しないためにも、自己肯定感を上げるためにも、自分が誰かと話ができる居場所を、複数持っておくことをおすすめします。これは、関わる人数ではなく、関わる「チャンネル」、別々のグループという意味です。

例えば、「オンラインゲームの中にたくさん仲間がいるからそれでいいんだ」と、オンラインゲームだけを居場所にしてしまうのはよくありません。たくさん仲間がいるように見えて、「オンラインゲームの中だけの仲間」という関係性でしかないからです。

サービスが終わってしまえばその関係性は終了します。また、そのオンラインゲームの中でトラブルがあった場合、そこに居続けることは難しいでしょう。オンラインゲームでの関係性から離脱してしまえば、ひとりになってしまいます。

1つのチャンネルでたくさんの人と関わるのではなく、お互いが関連していないチャンネルを2つ、3つ持つのがよいでしょう。お互いが繋がっていることで、情報が拡散されてしまいかねません。チャンネル内の関係性が悪くなる懸念もあります。

関連性のないチャンネルは、例えば、1つがオンラインゲーム。2つ目は家族や友達、3つ目がリアルのクラブ活動や趣味のサークルという具合です。こうすることで、オンラインゲームの中で傷ついたとしても、リアルの関係性のチャンネルで相談できます。家族や身内関係で煩わしいことがあっても、オンラインゲームの中で愚痴ることができます。

オンラインゲーム
家族や友達
趣味サークル
3つのチャンネル

相談は友達や家族、愚痴はサークル、オタクトークはオンラインゲームなど、チャンネルをたくさん持つことで息抜きができますし、もし、どこかのチャンネルで関係性が悪くなっても、他のチャンネルがあれば気がラクです。

チャンネルがひとつだけだと、**その関係性に執着してしまい、冷静な判断ができなくなります。**

例えば、パートナーからDVを受けているのに離れられないのは、その関係性に依存、または執着しているからです。パートナーとの関係性しか知らないので、DVがおかしいことに気付きません。

しかし、他に友達や家族などのチャンネルがあれば、「その関係性はおかしい。早く逃げよう」と教えてくれるかもしれません。

職場というチャンネルしかない場合は、ミスで叱責されたら「もうおしまいだ」と感じて衝動的に退職を考えてしまいます。しかし、SNSや趣味の仲間のチャンネルがあれば「よくあることだよ」「人前で叱るなんて、その上司が悪い」「同じミス、私もやった。あれは構造上の欠陥だからあなたは悪くない」などアドバイスがもらえるかもしれません。職場で下がった自己肯定感を、違うチャンネルで上げることができるのです。

ひとつのチャンネルに執着しなければ、孤独を感じる頻度は減ります。認めてくれる場所が複数あることで自己肯定感も上がります。ストレスを感じる頻度が減ることで、「リセットしてやる！」と衝動的な行動を抑えることが可能です。たとえリセットしても、他に居場所があるのだから、孤独になることはないのです。

POINT

違うチャンネルの居場所を複数作ることでストレス回避！

RESET

SNSだけじゃない　依存症から抜け出すためには

SNS上の人間関係をリセットした後、アカウントを作り直して別の形で始めるというリセット癖。何度も繰り返すようなら、依存症の可能性があります。

SNSにはまってしまうのは、**承認欲求を満たす報酬がランダムに予想のつかない形でもたらされるから**です。SNSでは、「いいね」やフォロワーの数、コメントの数が「報酬」になります。これを「部分強化」といいます。

部分強化に対して、必ず与えられる報酬（賃金など）を「金強化」といいます。人は、**行動に対して必ず与えられる報酬よりも、たまにもらえる「部分強化」の報酬に強い快感を覚えます。**

投稿がバズったときなどは、ギャンブルで大金を当てたときと同程度の大きな快感となります。この快感が忘れられず、ＳＮＳから離れられなくなってしまうのです。

次第に、リアルのストレスから逃れるためにＳＮＳに依存し、やがてＳＮＳの中だけが自分の居場所だと考えるようになります。

快感が得られる「いいね」やフォロワーの数が常に気になり、他のアカウントの投稿と比較して自分の優劣を判断します。常にスマホを持ち歩いていなければ、安心できません。

しかし、ちょっとやそっとの「いいね」の数では満足できなくなり、自分を満たせなくなります。次第にストレスがたまり耐えきれなくなってアカウントをリセットし、アカウントを作り直して再び高揚感や快感を得ようとするのです。

ＳＮＳ依存は睡眠不足や脳の疲弊、理性的に衝動行動を抑えるセロトニンの現象や自己肯定感の低下など、鬱病を引き起こす原因と指摘されています。

さらに依存症の怖いところは、**やめようと思ってもやめられないだけでなく、通常の喜びも感じにくくなる**ことです。

脳内に報酬を求める回路ができて報酬を得る行動が習慣化されると、快楽物質が強制的に分泌され、これが繰り返されます。そうすると、次第に喜びを感じる中枢神経の機能が低下していきます。ますます快感を覚えにくくなり、焦燥感や不安、物足りなさが増していきます。そうしてまたリセットをして新しい刺激を求めてアカウントを作り直すという、ネガティブスパイラルに陥ってしまうのです。

依存症のもうひとつの特徴は、**「自分は依存症ではない」と認めたがらない**ことです。これを「否認」といいます。「いつでもやめられる」「ダメだったらリセットすればいい」というのも否認の思考であり、依存の自覚がないのでますますのめり込んでしまうのです。

また、依存症の人は1つの対象への依存で留まることは少なく、多くの人は複数の依存を抱えています。これを、クロスアディクション（多重嗜癖）といいます。したがって、SNS依存に留まらず、課金ゲームやギャンブル、アルコール、タバコなどへの依存も併発するリスクが高まるのです。

インターネットがライフラインの一部になっている現在、ネットに全く触れない生活は困難です。したがって、**何かのきっかけで誰もがＳＮＳ依存症になる可能性は少なくありません。**特に、自己肯定感が低い、承認欲求が強い人にとって、ＳＮＳは魅力的なツールです。手軽に始められ、常にスマホでアクセスできる分、のめり込みやすいといえます。

一時的にスマホから離れる、寝る前には電源を切るなどの方法も有効ですが、やめたくてもやめられなくて苦しい、周囲が心配するほど強い依存は、早めに専門家に相談しましょう。

POINT

アカウントのリセット癖はＳＮＳ依存症の危険が高い。ＳＮＳから距離をとるか、難しければ専門家に相談を。

RESET

第6章

衝動が抑えられない!
リセット感情を
コントロールする方法

RESET

人間には衝動性があって当たり前

「人間関係リセット症候群」は、**衝動的に人間関係を断ってしまい、そのことで日常生活に支障が出たり、孤独に苛まれたり、本当は関係を断ちたくなかったと気付いたなど、リセットしたことを後悔している人も多い**ようです。そもそも、後悔することなく「スッキリした」であれば「症候群」という名前が付かないわけで、後悔していないのなら、そのリセットは正解だったといえるでしょう。

リセットの行動は、概して衝動的に行われます。これは、ストレスに起因します。この「ストレス」とは、日常生活の中での出来事から受ける刺激と、それに反応する心身の歪みが起こす一連のメカニズムです。

衝動性による後悔は誰にでもあるものです。**真夜中にご飯やお菓子を食べ過ぎてし**

まった、お酒を飲み過ぎてしまったなどは、日常でよくある衝動的な行動と後悔でしょう。究極的には、衝動的に自殺を試みて、大けがをして後悔するということまであります。

リセットの行動も同じです。ＳＮＳやリアルの人間関係において、不安や不満などのストレスがたまり、これが心身に影響することもあれば、衝動的なリセットという行動に表れる場合もあります。鬱状態になって理性的な思考ができずにリセットという場合もあるでしょう。

このように、人間である以上、**感情に揺れが生じることは当然**です。しかし、頻度や度合いによって、社会生活に関わる問題となります。

例えば、ＳＮＳにおいて、他の人からしてみればさほど気にならない言葉でも、その人がネガティブに受け取ったことで「嫌われている」と思い込むことがあります。これが積もり重なると「嫌われている自分は、ここにいない方がいいんだ」と、衝動的なリセットに繋がります。

また、これまでずっと自分の方が、同期の中でも優秀で立場が上だと思っていたのに、下に見ていた同僚が先に昇進し上司になったと知った途端に、前触れもなく退職するといったことが起こります。

こうした突発的な行動を起こしてしまうのは、感情的に満たされていないことが考えられます。

アメリカの精神科医コフートは**「人は自己愛が満たされていないときに不機嫌になる」**と論じました。

自己愛が満たされていない、つまり自己肯定感が低いと、不機嫌になりやすく、このイライラがストレスとなり、衝動的な行動へと駆り立ててしまうのです。

人が感情を持っている限り感情が揺らぐことは当たり前です。しかし、常に後悔を伴う衝動的な行動ばかりしてしまうのであれば、自己肯定感の低さに起因しているのかもしれません。

POINT

自分自身を自分基準の「幸せ」で満たして、リセットを防ごう。

RESET

今いる場所で関係性を育てよう

人間関係をリセットしてしまう根底には、**自分自身に対する自信のなさ**があります。「私なら大丈夫」という根拠のない自信があれば、多少のトラブルにも様々な対応をすることができます。

自信がないと、「ああ、やっぱり私はダメなんだ」と感じ、「他にもっといい居場所があるかもしれない」「もっといい人と出会えるかもしれない」と、リセットしてしまうのです。

後で自分が後悔してしまう、または人をむやみに傷つけるようなリセットは、好ましくありません。**劣等感はそのままですし、罪悪感も生まれます。**「やっぱり切らなければよかった」といつまでも引きずることで、「自分の選択はいつも間違ってしまう」

と自己肯定感を下げてしまいます。

感情の赴くままに人間関係を断つのではなく、**今ある場所で関係性を育てる努力の方が、自己肯定感は上がります。**なぜなら、自分で居心地の良い場所を作ることができたという達成感と、周りの人からの好意が、プラスの感情に働くからです。

それでも衝動的に動きたくなるときもあるでしょう。そんなときのために、その場でできる感情の逃がし方を覚えておきましょう。

怒りのホルモンは90秒間流れるといいます。カッとなって感情にまかせた言動をしそうになったら、90秒間だけ耐えてください。その際に「怒ってはならない」と否定するのではなく**「私は今怒っているのだな」と自分を認めてあげることで冷静になれます。**これは、「怒りをため込む」のではなく、「怒りを逃がす」です。自分が怒っていることを自分で認めることで、逃がすことができます。90秒経った後は、怒っていたとしても感情的ではなく冷静に否を唱えることができるでしょう。

攻撃的な言葉を投げてくる人に、「ああ、やっぱり私はダメなんだ」と落ち込む姿を見せると、その言動をエスカレートさせてしまうことがあります。これは、相手の言葉に対して自分がとった行動を相手に示す「フィードバック」による反応です。

ハラスメント気質の人は、相手に自分の攻撃が効いているとわかると、さらに攻撃を仕掛けてきます。毅然と落ち着いた姿を見せることで、相手はやる気を失うでしょう。

また、どうしてもそうした人と会話をしなければならないときは、「クローズド・クエスチョン」がおすすめです。これは、**答えを「はい・いいえ」のどちらかでしか答えられない質問の方法**です。「今日の会議は10時からですね」と聞かれたら「はい」「いいえ」しか回答できないので、そこで会話は終了です。その場をトラブルを起こすことなくやり過ごすができます。

反対に、「オープン・クエスチョン」は様々な回答を想定した質問です。「ランチ、何食べたい？　どこに行きたい？」は、「今日は天気が良いからテラス席があるところがいいな」と答えられます。親しくなりたいときにはこちらの方法を使いましょう。

自分に自信が持てないままで、ネガティブな考えにとらわれそうになったときは、「マインドフルネス呼吸法」で気持ちを再起させましょう。この呼吸法は、副交感神経を優位にしてリラックスさせます。

マインドフルネスとは「今、この瞬間を大切にする生き方」です。**鼻から息が入ってくる感覚、空気の動きや温度などに集中して、腹式呼吸を行います。**今の自分に意識が向き、精神が安定するだけでなく前向きな気持ちになります。

今の人間関係を構築したのは過去の自分です。自分を信じて、人間関係を育てていきましょう。

POINT

感情をうまくコントロールして、今の人間関係を育てていこう。

RESET

日記に今日の感情を書いて自分投票

今ある人間関係を育てていこうとしても、時にはカッとなって衝動的に動きたくなるときがあります。そんなときは、**「自分投票」で自分の気持ちを確認**しましょう。

人間関係をリセットする、今の関係を終了させなければならないのは、「いじめを受けており精神的に限界」「パートナーからＤＶを受けている」「ブラック企業に勤めていて心身に不調が現れている」「いじめなど誰かを傷つけるグループに所属していて抜けたい」などです。こうした場合はすぐに逃げてください。

しかし、本当にリセットしたいのか、自分でわからないことがあります。「独占欲が強いパートナーと別れたいけれど、離婚という形でよいのだろうか」「噂話ばかりする友達が嫌だからＬＩＮＥグループから抜けたいけど、いきなり抜けるとあらぬ噂を立てられそう」など、リセットするか、このまま今の人間関係に留まるか、どちらになっても何らかの問題が起きそうです。

そういったときは、**「自分投票」**を試してみてください。**これは、自分の気持ちを自分に聞く方法**です。

まず、投票する期間を決めます。1カ月、半年、1年などです。次に、「自分が今どんな気持ちでいるのか」を書きます。このとき、ノートでもスマホのメモ機能でも構いません。大切なのは**感情を言語化して記録**することです。

毎日でも、感情が揺れたその時点でもよいでしょう。このとき、1日の決まった時間の感情を記録するのではなく、朝、昼、夜のバランスをとって自分の感情を見た方が、より自分がどう感じているのかを正確に見ることができます。

人は「日内変動」で、体温や血圧などのバイタルサイン、精神症状、思考の波などが時間帯で変動します。夜中だけ、あるいは朝だけに書くのでは、思考に偏りが出てしまうのです。

こうして「とても嫌だった。リセットしたい」「少し嫌だったけど、リセットする

自分投票

一昨日の私
とても嫌だった。
リセットしたい。
昨日の私
少し嫌だったけど
リセットするまで
ではないかも…。
今日の私
今日は大丈夫だった。
リセットしない！

までではないかも」「今日は大丈夫だった。リセットしない」と記録していき、期間終了になったら集計します。

過半数が「リセットしない」となれば、今の自分の感情が「リセットしなくても他の方法で距離をとろう」と考えていることがわかります。過半数が「リセットしよう」ならば、その人間関係を続けることに自分が嫌だと感じていることがわかります。

これは、**自分の感情を可視化して客観的に見ることで衝動的な行動を抑え、解決方法を検討する**ものです。自分の感情を「書く」「見る」「知る」ことで、冷静な判断が可能です。

結果的にリセットを選択したとしても、冷静に判断した末の行動なので、**罪悪感なく前向きに次に進むことができます。**何より、自分自身の感情を認めて受け入れたことで、自己肯定感も上がるはずです。

POINT

今の自分の感情を書き出して、自分の総合的な本音を知ろう。

RESET

未来の自分に「今どんな気持ち？」と聞いてみよう

人の感情には波があります。調子がいいときは何とも思わないことでも、気持ちが落ち込んでいるときにはその状況が我慢できず、突発的な行動に出てしまうことがあります。

その行動のひとつが人間関係のリセットです。しかし、未来に影響を与えてしまう行動は後で大きな後悔となります。「今日」の自分はよかれと思って決断しても、「明日以降」の自分が嫌だと感じる。つまり、「明日」以降の自分が後悔するのです。

衝動を抑える方法として、**毎日の自分を「1人の人間」とする考え方**があります。今日の自分と明日の自分はそれぞれ別の人間であり、その時を生きる個人と考えるのです。

方法は、未来の自分たちに、「今、どんな気持ちでいるのか」と聞いていきます。ここに、「今の自分」がいます。その先には、1カ月後の自分、5年後の自分、おじいちゃん、またはおばあちゃんになった自分がいます。

例えば、今ここで職場の人間関係が嫌で仕事を辞めてしまったら、1カ月後の自分は雇用保険の受給で何とかなっているけど、5年後の自分は仕事がなくて困っています。おじいちゃんになった自分が、年金が少ないため老骨に鞭打って夜中まで安い時給で働いています。しんどそうです。これでは、**未来の自分がかわいそう**です。

1番若い今の自分が、よい転職先を見つけるまで頑張ろうという気になれます。

また、今ここでSNSのアカウントを削除したら、1カ月後にアカウントを新規作成した自分は、やっぱりフォロワーが集まらなくて嫌気が差しています。5年後の自分はSNS依存症で何事にも意欲がわかなくなっています。仕事にも手が付かないかもしれません。おばあちゃんの自分は、リアルの友達がいなくて寂しい老後かもしれません。これでは、今SNSでいくら「いいね」を集めても、**未来の自分はちっとも**

幸せではないことがわかります。

ママ友ＬＩＮＥグループから退会して転居したら、１カ月後の自分は新しい場所で戸惑うことはあるけど、噂話や悪口ばかりに時間をとられることなくスッキリしています。５年後の自分は新しい仕事を見つけて、子供も学校に慣れて習い事も始めて充実した生活です。おばあちゃんになった自分は、転居先で見つけた趣味のサークルの仲間と出かけるなど楽しく過ごしています。**ネガティブな気持ちになる人間関係をリセットしたことで、楽しい人生が過ごせそう**です。

こう考えると、後悔のない人生とは、この先の自分みんなが幸せになることだとわかります。**今の自分と未来の自分とで多数決をとって、みんなが喜ぶ最大の行動をとることで、「良い人生」となる**のです。

この方法は、毎日のちょっとした誘惑にも有効です。

資格取得のための勉強をしなくてはならないけれど、サボってお酒が飲みたい。すると、未来の自分みんなから「あのときお酒を飲んでなければ合格してたのに」と非難されてしまいます。

流行のワンピースが欲しいけど、手持ちがない。ローンで買おうか。そうすると、未来の自分みんなから「体型が変わってワンシーズンで着られなくなった」「車のローンもあるのにまだ月々の支払いを増やすの?・」と言われてしまいます。

未来の自分たちと話し合って、この先の自分たちが幸せになるのなら、それは前向きな決断です。しかし、未来の自分たちから非難されるだろう、未来の自分が後悔して悲しんでいるだろうとしたら、それはよくない決断です。

この先の自分を思いやり、みんなが喜ぶ行動をしてあげるという観点で行動することで、今も未来も総合的に幸せになれます。「今」の自分の決断しか、未来の自分を助けることはできないのです。

POINT

未来の自分を思いやって幸せを届けられるのは、今の自分だけ。自分みんなが喜ぶ最大の行動を話し合おう。

RESET

１日の終わりに自分を褒めよう

自己肯定感を上げるひとつの方法として、日記をすすめています。毎日の日記で、今日の自分を褒めてあげます。

人は褒められると「自分は価値のある人間だ」と感じて、自己肯定感が上がります。誰からも褒められず自己肯定感が低いままだと、誰かに価値を認めてもらいたいと強く感じて、手っとり早く「いいね」で価値が可視化できるＳＮＳにはまってしまいがちです。

自分自身が無条件に自分を愛することで、自己肯定感は上がります。その効果的な方法が、**日記の中で自分を褒める**ことです。「ポジティブな褒め言葉」を「書く」ことで、効果を発揮します。

方法は簡単です。**1日の終わり、もしくは寝る前に、今日の出来事のよかったこと、自分の行動や考えでよかったことを思い出します。**これを、褒め言葉にして日記に書きます。

例えば、

「今日はずっと行きたいと思っていたカフェに行けた。パンケーキが美味しかった。ちゃんとひとりで行きたい場所に行けてえらい」

「苦手な先輩に、自分が思っていることを話せた。感情的にならないで話せた自分、すごい」

「今日は久しぶりに残業がなかったので、自炊できた。美味しかった。好きなテレビ番組もライブで見られた。SNSを見る時間を減らせた。やればできる私、全部えらい！」

という感じです。

楽しかった、うまくできたなどポジティブなことと、それによって生じる褒め言葉を毎日日記に書き、**これを習慣化することで、何かある度に自分や他人を褒める思考の癖が身につきます。**この自分自身を褒めて認める癖が、自分の自信に繋がり、ひいては自己肯定感を上げていきます。

ただし、自分を責めたりする日記にしてはいけません。人間はネガティブな思考に寄ってしまう動物なので、ネガティブなことばかり思い出して書いてしまいます。人間がネガティブ思考なのは、本能的な理由です。弱い人間は、外敵から自分を守るために、常に最悪の予想で行動してきました。楽観的でいたら、あっという間に襲われてしまうからです。

ですから、**本能のネガティブに寄らないように、意図的にポジティブな言葉を使いましょう。**

また、普段からポジティブな言葉を意図的に使うことで、相手にもいい印象を与えます。例えば、不可能を「できません」と言われるよりも、「できかねます」と言われた方が、印象が柔らかくなります。言い方を肯定的に変えることで、自分も相手もネガティブな感情を抑えることができます。

日記は見返してもいいですし、特に見返さなければならないものでもありません。大切なのはポジティブな言葉で自分を褒めて、これを記録して1日を終えることです。

自分の思考を言葉にすることで、客観的に自分を見ることができ、ラクになれます。

日記は効果的なセルフカウンセリングです。

POINT

1日の終わりに自分を褒めて、自己肯定感を上げていこう。

RESET

いい気分になりたかったら相手を褒めてみよう

ネガティブな言葉で相手を攻撃する人は、自分にも不満を抱いています。**自分に自信がないためネガティブな感情が言葉となって出てしまう**のです。

自分に自信があり、ポジティブな感情を持っている人は、他人に対して攻撃的な言葉は使いません。自分に対してだけではなく、相手や周りの人に対しても、ポジティブな言葉を使い、周りの環境を明るくします。

このポジティブな効果を最大に発揮するのが「ありがとう」という感謝の言葉と、相手を褒める言葉です。

使い方は簡単。**目の前の相手に、ただ「ありがとう」と「素敵ですね」「すごいですね」**

「尊敬します」など褒め言葉を伝えるだけです。

この2つを武器に、ポジティブを自分の周りの人に分け与えていると、自分自身も気分が上がります。また、他の人も自分に対してポジティブな感情を抱くので、自ずと関係性が深まります。

特に「褒める」ことは、相手のいいところを積極的に探そうという心理が働きます。177ページ（1日の終わりに自分を褒めよう）のところでも述べましたが、これを習慣化することで「褒める」思考の癖がついてきます。周りの人を褒めることで、自ずと自分自身のことも褒め上手になります。

たとえそれが演技でも構いません。

心理学では、**人は演技であっても、演じている人格がその人の本質だと思い込む**という事例があります。

例えば、クイズ番組の司会を演じている人と、回答者を演じている人、どちらが知的な人かをアンケートしたところ、多くの人が司会者を演じた人だと答えました。

これは自分自身にも効きます。**人の良いところを探して褒める演技を続けることで**

「自分は本当は優しい人間なんだ」と思い始めるのです。

例えば、とても厳しくて苦手だけど、仕事はできる先輩がいたとします。その先輩に、笑顔で「いつも完璧な仕事で頼りになります。ありがとうございます」と、演技だとしても相手に伝えることで、相手は「自分を認めて頼りにしてくれる、仕事熱心な明るい後輩」として認識してくれます。お互いにポジティブなイメージを持つことで、対応も柔らかく改善されるでしょう。

職場の雰囲気も明るくなり、他の同僚も厳しいその先輩に対して印象を変えるかもしれません。感謝の言葉を伝えることで、「がんばろう」という気持ちがわいてきます。居心地がよくなり、仕事もやりやすくなります。

ポジティブな言葉がけの習慣化で、先輩の言動は柔らかくなり、いつの間にか居心地のいいオフィスになっていることに気付くでしょう。

自己肯定感を上げる方法に、明確なものはありません。自己肯定感が高いからうまくいく、低いから自分はダメな人間だというわけでもありません。

自分も周りも気分がよくなる言葉を使っていたら、いつの間にか周りの環境が明るく変化していて、自分への好意が感じられるようになり、それが相手への感謝の言葉となり、こうした循環の中で過ごしているうちに自分自身が満たされていた……。

自己肯定感はその結果にしか過ぎません。

今の自分がネガティブに寄っているなと感じたら、まずは**「ありがとう」と「褒め言葉」で武装**しましょう。相手を褒める習慣は、自分も周りもポジティブにして、**回り回って自分に返ってきます。**すぐに始められますし、演技でも効果があるので、ぜひやってみてください。

POINT

「ありがとう」と「褒め言葉」は周りも自分もハッピーになる最強のポジティブ言葉。

RESET

何もかもうまくいく？　魔法の言葉

ポジティブな言葉を使っていても、幸せの基準を意識していても、**ネガティブになってしまうときはあります。**人は、ポジティブでばかりいられません。ネガティブな思考ができるから、危険回避が可能となり、今こうして生きているのです。

とはいえ、落ち込んだままではSNSで嫌な投稿ばかり目に付いてしまい、ネガティブスパイラルに陥りかねません。

そんなときに、万能の言葉があります。

「私は毎日あらゆる面でますますよくなっている」

これは、フランスで活動した自己暗示法の創始者エミール・クーエが提唱した言葉です。**「あらゆる面でますますよくなっている」と唱え続けることで、自己肯定感が高まり自信にあふれてくるというのです。**

「私は毎日あらゆる面でますますよくなっている」の言葉に、根拠はいりません。「自分は仕事で出世したいから、仕事運がますますよくなっているに変えよう」「カッコよくなってモテたいから、毎日容姿がよくなっているにしよう」「頭がよくなっているにしよう」など、具体的にする必要は全くありません。

とにかく、アバウトでもよいので、無条件に根拠なく「あらゆる面」でよくなっていると繰り返して、自分に暗示をかけるのです。

「それって、ただの暗示でしょう。効くわけないじゃないか」と思うかもしれません。しかし、前述したように**人は演技でも、続けることでその演技が本当になる能力を持っています。**

こんなことをしてもしょうがないと端からやらないのではなく、まずは騙されたと思ってやってみましょう。何かいい方向に向かっている気がすると思えたら、儲けものです。そして、実際いいことが起こり始めます。

電球や蓄音機を発明したトーマス・エジソンは、「私は今までに一度も失敗をしたことがない。電球が光らないという発見を今まで２万回しただけだ」と言いました。「光らなかった」ことを「失敗」とするのではなく、「光らなかった」事例を発見したと言い換えたのです。

自己暗示も同じです。

悪い結果にフォーカスすれば、ネガティブな結果として記憶に残ります。しかし、**視点を変えていいことにフォーカスすれば「あらゆる面でよくなる」**のです。

POINT

根拠なく「あらゆる面でよくなっている」という視点で毎日を過ごそう。

RESET

第7章

突然リセットされる側になってしまったら？

RESET

それはあなたが原因じゃない

ある日、ＬＩＮＥから友達の名前が消えていた、ＳＮＳの知り合いのアカウントが見つからない、電話をかけてみたら着信拒否されていた……。リセットする側が衝動に人間関係を断つのなら、**リセットされる側もやはり突然**です。

「もしかして、私が何かやってしまったかも。私のせいなんじゃないか」と考えてしまうかもしれませんが、そこで自分に責任があるのだと思い詰める必要はありません。

アドラーの心理学に「課題の分離」という言葉があります。これは、**「他人の課題に介入しないこと」、そして「自分の課題に他人を介入させないこと」**と考える思考法です。

例えば、他の人が失敗して悩んでいても、それはその人自身が向き合うべき課題であり、他の人が「自分のせいでは」「自分が変えてあげなくては」と思い込んでしまうと、無駄な干渉や感情的な対立を起こしてしまいます。そうではなく、「この課題はその人本人のものであり、自分は無関係で責任があるわけではない」と考えることで、お互いが健全な感情を保てるようになり、ストレスや不安を減らすことにも繋がるのです。

ですから、**友人や知り合いからリセットされたからといって、自分が嫌われているのではないか、自分に責任があるのではないかと考える必要はありません。**リセットしたのは、その人自身に何か思うところがあったのでしょう。しかし、その人が解決すべき課題は、自分の人生においては関係ないのです。

POINT

リセットする側とされる側の課題は別。自分のせいと思い悩む必要はない。

RESET

1番の特効薬は「放置」

突然音信不通になってしまった友人の転居先を知らされていない、ＬＩＮＥが未読のまま、メールを送ったらエラーになった、など、自分に思い当たる節がないと驚いてしまうかもしれません。

しかし、先にも述べたように、突然リセットしたのは自分ではなく相手です。相手の課題に干渉して、何かが解決するわけではありません。**相手の課題は、相手自身が解決していくもの**なのです。

とはいえ、「何があったんだろう」「もしかしたら、悩んでいたのではないか」とモヤモヤしてしまう場合もあるでしょう。

起きてしまったことは仕方ありません。過去は変えられません。

今、自分が相手にできることは「放置」です。去る者は追わない。これが、自分にとっても相手にとっても1番ポジティブな方法です。

去ってしまった人のことをくよくよ考えたところで、戻ってくるわけではありません。連絡先を探して「どうして」と問い詰めたところで、答えが返ってくるわけではありません。相手にとって、リセットした自分は「過去」の人なのです。

自分に思い当たる非がある場合は、その反省を次の人間関係の構築にいかしましょう。**過去の経験は今日からの自分の糧**となります。

相手の課題は相手のもの、自分の課題は自分のものです。

POINT

「去る者は追わず」の精神で、今日からの自分を生きよう。

RESET

切られる恐怖から自由になるのも自己肯定感

過去に人間関係を「切られた」経験がある人は、LINEが未読のままだったり、SNSには投稿しているのに自分には返信がなかったりなど、ちょっとしたことで「リセットされてしまったのかも」「切られてしまうんじゃないか」と考えてしまいます。

過去の切られた経験がつらければつらいほど、その恐怖は大きくなります。

しかし、まだ始まっていない不幸を考えても仕方がないです。

ネガティブな思考に陥りやすい人は、今自分が考えていることが「1番大きな問題」だと考えてしまいます。そのため、「リセットされてしまうかも」という不安が浮かぶと、その不安にとらわれてしまい解決方法も考えられなくなってしまうのです。

普段からくよくよ考えない人は、今できる解決策はない不安に対して「考えても仕

方がない」と割り切っています。「リセットされたら、リセットされたとき」という考え方なので、不安にとらわれることはないのです。

自分がリセットされるかもしれないと考えているのは、自分に自信がないからかもしれません。「私はいつでも最高」と考えられれば、「私はいつもリセットされる側なんだ」とネガティブな思考に陥ってしまうこともありません。

自分を褒める日記（１７７ページ）、全てうまくいく魔法の言葉（１８５ページ）をやってみるのもよいでしょう。

過去は変えられません。しかし、**未来は自分で変えられる**のです。

POINT

考えても仕方がないことは考えない。

RESET

人間関係は人生のステージで変わるもの

人間関係のリセットは、人生において多かれ少なかれ出会うものです。

突然連絡がとれなくなれば、そのときは驚いて「何があったんだろう」「傷つけることをしたのだろうか」と思うかもしれませんが、相手にとってみれば、それが人生の転換期だったかもしれません。

自分のことを振り返ってみましょう。

バイト先でできた友達は、バイト中はプライベートで一緒に出かけたこともあったけれども、卒業してからは音信不通ということはありませんか？

今の会社に転職する前の職場の人たちと、まだ連絡を取り合っていますか？

小学校の同窓会、連絡は来ているけど、何となく一度も行っていないということはないですか？

インターネットが普及して、メールやメッセージアプリ、ＳＮＳなど気軽に繋がって連絡できるようになった時代、連絡先の削除は大事件と捉えてしまいがちです。

しかし、卒業、就職、結婚、転勤、転職など人生のステージで、人間関係はその都度変わっていくものです。昨日まで毎日一緒にランチをしていた同僚も、今日からは転職先で心機一転頑張っているかもしれません。ＬＩＮＥが未読のまま転居したママ友も、転居先で新しい人間関係の中で楽しく過ごしているかもしれません。

リセットはその人にとって、何かの節目だったのです。ならば、相手にしてあげられることは、新しい場所で幸せであることを祈るだけです。

POINT

去った人の新天地での幸せを祈ろう。

RESET

八方美人でOK！　居場所は複数作って楽しもう

「SNSで何でも話せると思っていたフォロワーが突然アカウントを削除した」
「ママ友LINEグループで、唯一本音を話せるママ友が退会して転居してしまった」

自分が本音や愚痴を話せる人や場所が1つしかない場合、その人がリセットしたり、あるいはその場所がサービスを終えるなどでなくなったりすると、大きなショックを受けてしまうかもしれません。

そうしたときのためにも、**居場所を複数作っておくことは、人間関係のストレス回避の上でも大切**です。

1人の人や1つの場所だけを自分の拠り所にすると、どうしても執着してしまいます。執着は依存にもなりかねず、いい関係を生みません。人と人との関係は、適度な距離感がお互いへの思いやりであり、結果的に長く関係が続くための秘訣なのです。

居場所は、複数のチャンネルを選びましょう(151ページ)。SNSだけではなく、リアルの友達や趣味のサークル、職場、家族や身内などです。

どこかのチャンネルの誰かにリセットされたとしても、他の人間関係のチャンネルがあれば、相談できます。同じ経験をした人もいるかもしれません。悩みを共有できる人もいるでしょう。

「ウェルビーイング」とは個人や社会のよい状態をいいますが、**居場所が多い人ほどウェルビーイング指数が高い**そうです。チャンネルを複数持って、前向きで機嫌のいい自分を楽しみましょう。

POINT

チャンネルを複数持って、変化があっても自分らしく前向きに。

RESET

第８章

いいリセットの考え方でもっと生きやすく

RESET

衝動的なリセットで後悔している人が今すぐできること

人は後悔する生き物です。ですから、「どうしてリセットしてしまったんだろう」と後悔しているのは、人としてある意味当然なのです。

例えば、2人に告白されたとします。このとき、どちらかが明らかに自分の好みで人間性もいいとなれば、そちらを選択しても後悔は生まれません。しかし、2人が同じ性格で見た目も年収も大差なかったとしたら、どちらを選んでも後悔します。

この例は、行動経済学の理論のひとつで「プロスペクト理論」といいます。人は**得られたプラスよりも、失ったマイナスを強く感じます**。つまり、二択でどちらかを選択した場合、失った存在をマイナスと考え、どちらを選んでも後悔するのです。

「リセットするか、しないか」も二択です。リセットすればモヤモヤを解消してストレスを回避できますが、人間関係は失います。そして、失った人間関係を思い後悔します。リセットしなくても、リセットで得るはずだったスッキリ感を思って後悔します。どちらを選んだとしても後悔します。つまり、**リセットを後悔することは、人の心理の法則にのっとった後悔**なのです。

ですから、やってしまったことは仕方がありません。**「どうしてリセットしてしまったんだろう」と理由を探ることは、精神医学的にはあまり意味がない**といわれています。それよりも、なりたいゴールを見据えて未来を考えていきましょう。

まずは、「今、自分は後悔しているんだな」と、**後悔している自分を受け入れてあげる**ことです。そして、「今回のことで得たものは何だろう」「今度はもっと自分の気持ちに寄り添っていこう」というように、**過去の行動をポジティブに転換させる**ことで、前向きに進んでいけるでしょう。

POINT

人は二択で必ず後悔するもの。後悔した自分を受け入れて、未来を考えよう。

RESET

ネガティブな環境からは勇気を持ってリセットしよう

いじめやDVなど、のっぴきならない理由があるのなら、リセットするかしないか悩まず、リセットありきで物事を進めましょう。場合によっては専門の相談機関に相談して進めることも大切です。

悲しいかな、いじめの問題はどこでも一定数あります。**人間は、集団の中で共通の敵を作ることによって連帯感を高めている心理を持っています。**これを心理学で「黒い羊効果」といいます。黒い羊を白い羊たちが攻撃することによって、白い羊たちの連帯感が高まるという現象です。SNSの炎上や誹謗中傷は定期的に発生しますが、同じ理論です。

自分が黒い羊になってしまったと感じたら、冷静に収まるのを待つ、またはその集団を尊重するなどの対処の方法がありますが、容易ではありません。心身の安全を考えるのなら、逃げることが１番よい方法でしょう。

しかし、**どんなに自分がひどい目にあっていると感じても、そこから動けないこともあります。**人は環境を変えることに、ストレスを感じるからです。

例えば、大昔の人間だとして、ずっと同じ洞窟にいたところを隣の洞窟に移るというのは、勇気がいることです。今の洞窟は手狭で隣の洞窟は広いけれど、「湿気が高かったらどうしよう」「蛇や獣の巣があったらどうしよう」と、より悪いことを考えて不安になります。**失敗するのが怖くて環境を変えない、行動を先延ばしにすることは、人間の本能**なのです。

それでも、毎日「このままではいけない」「ここにいると自分が壊れてしまう」と感じるのであれば、リセット、つまりよくない人間関係を切る決断が必要です。

いきなり環境を変えることに抵抗があるのなら、**いきなりリセットするのではなく、次の環境をシミュレーションする、あるいは徐々に環境を変えてみましょう。**

例えば、初めての職種の企業への転職に迷っているのであれば、その職種について調べてみる、その会社の評判を聞いてみる。パートナーを変えたいと思っているのなら、気になっている人に挨拶だけしてみる。転居先の地域に行ってみたり、学校を調べたり、体験入学するという方法もあります。

そうやって、リセットの準備やリセット後のプチ体験をすることで、「変わった方がいいかも」「思ったほど怖くないし、この先も大丈夫そう」と、環境の変化を前向きに考えることができるでしょう。

POINT

心身を壊す環境からは逃げよう。
リセットの準備とプチ体験で、ストレスなくリセット。

RESET

相手に禍根を残さないリセットの方法は？

これまでいた環境と人間関係をリセットする場合、残された人は「何があったのか」と想像を巡らせますし、パートナーとの別れは特に禍根を残すことにはなるでしょう。

最優先しなければならないのは、自分の身の安全です。

ＤＶから逃げるのであれば、いろいろ考えずにシェルターに入るなど自分の身を守ってください。ＳＮＳの誹謗中傷や炎上でリセットするのなら、自分の個人情報がわかるようなものは絶対に明かさないことです。

転職や転居の場合は、穏便に去ることを考えましょう。

「仕事が忙しくなってきたので、職場に近いところに引っ越そうかと」「ここでの仕事は楽しく充実していたんですが、親の介護がありまして」など、**誰のせいでもなく外部の要因で致し方ないとしておくのが無難**です。

よくあるのが、「爪痕を残して去る」という方法です。「あの人が私の悪口を言うのが嫌なので辞めます」「人の噂話ばかりで面白くないから退会します」など、**素直に理由を報告するのは残された人への警告になるかもしれませんが、あまりおすすめしません。**

なぜかというと「他人のせい」にしているからです。「自分は悪くないのに、この人のせいで辞めることになった」というのは、「私は悪い人の前では無力だ」と認めてしまっています。次に同じことが起きたときに「ほらやっぱり、私は無力」という暗示にかかり、**自己肯定感の減少に繋がります。**

いろいろ思うところはあるかもしれませんが、できるだけ丸く収めて去る方が、将来的に自分のためです。

POINT

自分の身の安全を第一に考えた上で、穏便にリセット。

RESET

前向きリセットで人生をレベルアップ

「幸福とは成長である」という言葉があります。

リセットするということは、ゲームに例えるとレベル１に戻ることです。再度レベル１からやり直して、レベル２、３に上がることは、レベル50の人がレベル51に上がることと同じくらい、あるいはそれ以上に幸福なのではないでしょうか。

ゲームのレベルは、上がれば上がるほど上がりにくくなりますが、現実世界でも同じです。ある分野を極めていってあるレベルまで実力がついてくると、そこから先の実力をつけることは難しくなってきます。

幸福が成長であれば、レベルアップすることで幸福がかなえられます。

したがって、**新しい世界で１から成長を目指すのであれば、それは幸福に繋がる前**

向きなリセットとなるのです。

ただし、「リセットして次の集団に属することで無条件に幸せになれるはずだ」「今のパートナーと別れて違う人と結婚することでその人が幸せにしてくれるはずだ」というリセットは、また同じことを繰り返してしまうかもしれません。**自分の幸せを相手に委ねており、自分が主体ではない**からです。

「新たなステージで、自分の力で幸せになるんだ」と考えることが、幸せと成長へのステップとなります。

前向きなリセットは、幸せを周囲に任せるのではなく、自分で未来を切り拓くこと。

人生の主人公は「自分」です。

POINT

自分の幸せは自分でつかむ。
自分が選んだ新しい場所でレベルアップをめざそう。

前向きリセットで人生をレベルアップ

おわりに

SNSやグループLINEなど、現在は人間関係を気軽にリセットできる時代です。これは、人類史上における革命的な現象なのではないでしょうか。原始時代の人類は、リセットは死のリスクを高める行為でした。生まれてから1つの集落を出ることなく、集落の人間関係の中で自分と家族の命を守らなければなりませんでした。

一方で、気軽にリセットできる現代は、インターネット上でたくさんの情報や体験者の声を入手できます。転職や転居にしても、ネット上で新しい職種や地域の情報を調べたり、バーチャルで体験してみたり、最初は副業という形でチャレンジすることもできます。リセットの予行練習ができるのですから、原始時代とは比べものにならないくらい恵まれた時代です。

そういった意味で考えると、「人間関係リセット」は現代人だけに許された「禁断の果実」なのかもしれません。

人は、1つの狭い世界に自分の人生を落とし込んでしまうと、ストレスを増やしてしまう傾向にあります。だからといって環境を変えることはとても勇気が必要なのです。それでもリセットを選択したのなら、前向きにチャレンジして、成長する自分を感じて幸せになろうと切り拓いていくことが、とても重要なのだと感じています。

『徒然草』で、「年五十になるまで上手に至らざらん芸をば捨つべきなり。励み習ふべき行末もなし」という一節があります。「年をとってからがんばることは見苦しい」という意味です。

しかし、僕はそうは思いません。いくら年齢を重ねていても、成長には意味があります。現状に満足して落ち着いてしまっては、早く老け込んでしまうでしょう。今やりたいことがあるのなら、チャレンジするべきだと思うのです。

人生100年時代の現在、人生は本当に長く、人間関係のトラブルや悩みもたくさんあるでしょう。

でも、たとえ今は思い詰めて悩んでいても、1年、10年経った時に「今の自分にとって、あのときの悩みはたいしたことではなかった」と思い出すはずです。

今の自分がいるこの世界を、場所的にも時間的にも狭い世界に悩みすぎないで、広く長いスパンで考えていくことが、今の時代を生きる上で大切なことだと思います。

1年後、10年後の未来は変わっているかもしれない。その未来を良い未来に変えるのは、自分自身の成長へのチャレンジです。

本書を読んだ人が、前向きなリセットで、新たな成長と幸せを手にできる未来を、願っています。

精神科医　ゆうきゆう

ゆうきゆう

精神科医・マンガ原作者。
ゆうメンタルクリニック・ゆうスキンクリニックグループ総院長。東京大学医学部卒業。医師業のかたわら心理学系サイトの運営、書籍執筆なども手がける。シリーズ累計300万部を超える『マンガでわかる心療内科』(少年画報社)やJam氏との共著『マンガ版　ちょっとだけ・こっそり・素早く「言い返す」技術』(三笠書房)などマンガ原作、著書が多数ある。

ゆうきゆう公式HP:https://sinri.net/
ゆうきゆうXアカウント:https://x.com/sinrinet
ゆうメンタルクリニック:https://yuik.net
ゆうスキンクリニック:https://yubt.net

デザイン　藤田康平(Barber)
イラスト　コグレチエコ
編集協力　櫻庭由紀子　八文字則子
校正　滄流社
編集　山中千穂

人間関係リセット症候群

発行日　2024年10月1日　第1刷発行

著 者　ゆうきゆう
発行者　清田名人
発行所　株式会社内外出版社
〒110-8578 東京都台東区東上野2-1-11
電話 03-5830-0368(企画販売局)
電話 03-5830-0237(編集部)
https://www.naigai-p.co.jp/
印刷・製本　中央精版印刷株式会社

ISBN978-4-86257-707-8